小王子的領悟

每個人心中都曾有一個「小王子」，那是天真，那叫童心；每個人終究也要離開B612，也會遇到玫瑰、狐狸、蛇、夕陽、麥子……那是入世，那叫社會化。

問題在於，你能否有所領悟，該將「小王子」保存？拋棄？完全拋棄？保存多少？保存而放在哪裡呢？那是一種領悟，決定了某種態度，遂成就了人生。

「瓶花妥帖爐香定，覓我童心廿六年」，龔自珍的領悟，也是周保松的領悟，讀了這書，再讀一次《小王子》，或許也是你的。

——傅月庵（台灣出版人）

周保松先生的文字總有種睿智與誠懇，這次更多了一份溫柔，撫慰時代的傷痕。

——莊梅岩（香港劇作家）

在旅途中閱讀這本小書，如同眼前依次打開明亮多彩的大自然的畫卷，精神的天空也升起一幅幅壯麗的圖景。哲學家追問人生的意義，竟然有著偵探小説般的嚴謹、綿密，也有著詩人的溫柔嘆息和深切祝福。

——崔衛平（北京電影學院教授）

周保松牽著小王子的手，讓旁人得以聽懂二者間的思絮閒偈。或許無明的獨孤狀態與荒誕的萬千世界，真可以因緣「馴服」而轉化為有情的生命。《小王子的領悟》助我們記起成人都曾是獨一無二的孩童，任其成長、成熟，毋庸離棄本真。

——陳冠中（香港作家）

周保松的書，教我讀懂《小王子》。

——沈祖堯（香港中文大學前校長）

周保松是我認識的同齡人中最像「一團火」的。在一個文化青年熱衷於炫耀自己的幽暗和頹廢的時代，這種無拘無束的光與熱格外醒目。《小王子的領悟》就是這樣一個光與熱之作。在這本書裡，他沿著小王子的足跡去追問甚麼是美好生活、甚麼是愛、甚麼又是理想的公共生活。周保松用他的思考照亮童話中那些看似平淡的細節，彷彿用一把錘子敲出每一粒核桃中的果核。

——劉瑜（清華大學政治學系副教授、作家）

人到成年，每天趕著做必須完成的事情，心卻可能漸漸麻木，對甚麼都不那麼在乎了。保松讀《小王子》，寫出這本小書，「我見到自己還在乎：在乎能否好好理解玫瑰、狐狸和小王子……在乎這個世界應否變得更加合理公正」。願讀者通過讀這本小書，又重新回想起自己真正在乎的是些甚麼。

——陳嘉映（首都師範大學哲學系教授）

周保松深信哲學的思考攸關「如何過好自己的人生」，決不能是知識遊戲；他並不彩筆渲染自身的經歷與感受，卻一路提防著庸碌與無聊；他深知人們相互的理解備受限制，但即便承認一己的無力，仍然願在沉默中尊重每一個生命的獨特。

如今他一本這種質樸認真的態度，寫下《小王子》帶給他的啟發與感動。這本書的風格在中文哲學界罕見先例，後來者也很難效仿。在這個喧囂、炫學與世故的時代，這本書值得你我找個僻靜處定心閱讀。

——錢永祥（中央研究院研究員、《思想》主編）

小王子的領悟

新版

周保松　著

香港中文大學出版社

《小王子的領悟》(新版)
周保松 著
區華欣 圖

國際統一書號(ISBN)：978-962-996-829-8 (平裝)
978-962-996-833-5 (精裝)

2017年新版 2024年第五次印刷(平裝)

出版：香港中文大學出版社
香港 新界 沙田・香港中文大學
傳真：+852 2603 7355
電郵：cup@cuhk.edu.hk
網址：cup.cuhk.edu.hk

Philosophical Notes on "The Little Prince" (new edition, in Chinese)
By Chow Po Chung
Illustrations by Au Wah Yan

ISBN: 978-962-996-829-8 (paperback)
978-962-996-833-5 (hardcover)

New edition 2017, fifth printing 2024 (paperback)

Published by The Chinese University of Hong Kong Press
The Chinese University of Hong Kong
Sha Tin, N.T., Hong Kong

Fax: +852 2603 7355
Email: cup@cuhk.edu.hk
Website: cup.cuhk.edu.hk

Printed in Hong Kong

可 靜

這是爸爸送給你成長的禮物

目錄

新版序

藉著發行新版的機會，我在過去大半年多寫了三篇文章，包括〈狐狸的心事〉、〈玫瑰的自主〉和〈歸零之前〉。與此同時，我也全面修訂了一次初版所有文章。修訂之處頗多，故不逐一註明。有了這三篇新文章，連同原來的十二篇，全書就較為完整，也較令我滿意。

為著給讀者一點新意，也為著找到更切合本書的閱讀格調，我們調整了書的版式、字體大小和印刷用紙。一本書有一本書的生命，我是如此希望，我能給自己每一本書最恰當的理解和尊重，從而讓它在書海中綻放出屬於自己的光彩。

本書去年出版後，反應不錯，我因而有機會應邀在親子讀書會、中學、大學、書店和書展等不同場合，跟讀者分享心得。我發覺，這本書的讀者有小學生、中學生、大學生、家長和教師，也有上了年紀的老人家。這些因閱讀而來的相遇，給我許多愉悅和溫暖，也給我許多啟發和鼓勵。作為寫作人，尤其是這個時代的寫作人，我深知這些美好並非必然，我因而心懷感激。謝謝你們。

一如初版，我們有個小團隊製作新版，包括負責編輯的余敏聰、封面和插畫的區華欣，以及書籍設計的陳素珊。為著這本書，這兩年來，我們有過許多交流。可以說，這本書是我們共同用心栽種出來的成果，我要在這裡衷心感謝他們。同時，我也要謝謝梁采珩同學用心幫忙校對全書。最後，我要特別多謝小思、沈祖堯、錢永祥、鄧偉生、張煥萍、張曉雅、曾金燕等師友在初版出來後，對本書的肯定。這些肯定，對我很重要。

當我在台北道南館咖啡店寫下本書首篇文章〈小王子的領悟〉時，我壓根兒沒有想過，慢慢地慢慢地，一篇接著一篇，到了最後會生出這本小書。

到它問世以後，我更沒有料到，它會有那麼多讀者，我的生命亦因它而有許多轉變。我以前有個想法，就是每完成一本書，它就會離我而去，開始自己的遠遊。寫完本書，我倒有點覺得，就算它走多遠，也會一直留在我身邊，因為字字句句已入心，成了我生命的一部份。這本書，也許是我寫作的分水嶺，因為對於寫甚麼、為誰寫和如何寫，我有了許多新體會。

五月初夏，相思花開。人在樹下，小黃花會在不知不覺間灑滿一身。五月的陽光，總是提醒我，再過不久，就是六月；六月再過不久，就是九月。這些月份，都暗藏歷史記憶。這些提醒是重要的，一如狐狸提醒小王子：你花在你的玫瑰身上的時間，才讓你的玫瑰變得這麼重要。

是為新版序。

香港中文大學忘食齋

二零一七年五月

前言

這是一曲童心的歌謠。

這是一位書迷的閱讀分享。

這是一束關於文學的哲學札記。

這是一個哲學思考者的價值耕耘。

這是一位爸爸送給女兒的成長禮物。

本書從構思到完成，前後用了大半年。在此之前，我壓根兒沒有想過要寫這樣一本書。開始之後，卻不由自主地將所有精神和情感貫注其中，幾乎無時無刻都和小王子生活在一起，差點忘了自己是個大人。

文章既成，回首來時路，我有昨我非我之感。我的心境、我對寫作的理解，以至我對生命的感悟，都有了許多轉變。最好的證明，是我為了準備出書而修訂最早一批文章時，竟不得不重寫一次，因為許多想法已不再一樣。

我們都是生命的過客。在我的人生旅途走到當下此刻，能夠為自己、為讀者也為世界，留下這樣一本小書，我感到難以言喻的喜悅。

喜悅有好多重。第一重，是經過那麼多年後，終於能夠稍稍讀懂《小王子》，我有一種和作者聖修伯里隔著七十多年時空對話的愉悅；第二重，是這些文字能夠和無數喜歡《小王子》的讀者見面，我自覺是極大的緣份和福氣；第三重，是在寫作過程中，我見到自己還在乎：在乎能否好好理解玫瑰、狐狸和小王子，在乎文字可否愈寫愈明澈，在乎自己是否還有童心，在乎這個世界該否變得更加公平公正。

我心裡明白，如果我不在乎，我寫不出這些文字。所以，這本小書是帶著我的在乎來到這個世界。而在接著下來的書旅中，如果它也能讓讀者感受到這份在乎，並由此生出對好好活著的嚮往，我會十分歡喜。

我也知道，一如愛，人愈在乎，便愈容易受傷。許多人明白這個道理，於是為了不受傷，寧願不在乎。因為不在乎，所有事情遂無可無不可，遂變得輕飄飄無重量。

問題是，甚麼都不在乎的生活，是好的生活嗎？不在乎人的存在，不在乎生的尊嚴，不在乎社會是否公正，不在乎愛，這樣的生活還剩下甚麼?!在乎，是善待自己、關心世界的起點。

本書每章獨立成篇，各有主題，既有我對《小王子》的文本解讀，也有我的哲學反思和道德論證。讀者如果喜歡本書，最好能利用這個機會，安靜地重讀一次《小王子》。兩相對照，或許會有新的領悟。

為甚麼你要在這個時候寫這樣一本書？——經常有朋友這樣問我。言下之意彷彿是，花那麼多時間在一本童書上，談一些既不正經也不大人的東西，值得嗎？值得的，當然值得。我相信，喜歡《小王子》的人，自會明白。

在本書寫作過程中，我得到許多人的幫忙，我要在這裡衷心致謝。

首先要謝謝區華欣。這束文章最初的版本發表在《明報周刊》，兩星期一篇，我負責文字，華欣負責插圖。在那數不清的深夜和清晨，我將已經遲了許多的新鮮文字寄給華欣，很快就會收到她的配圖。每次看完，我都覺得，華欣是小王子的知音，也是我的文章的知己。本書所有插圖和封面設計，都由華欣負責。她的作品，是書的一部份。所以，她也是本書的作者。華欣曾在中大修過我的課，但最後沒有遞交論文。她常笑說，這是她補交的功課。

我在此也要特別感謝《明報周刊》，給我們機會做這樣的寫作嘗試。不過讀者得留意，這本書所有的文章，雖然部份題目和初發表時一樣，但都已作過大幅度的改寫，甚至全新重寫。

我要謝謝香港中文大學出版社的所有同事。還記得最初我有出版此書的意念時，寫信給社長甘琦和總編林穎，她們二話不說就大力支持。接著下來，我和出版社的同事(編輯、設計和推廣)組成一個團隊，一起構思如何製作本書。記得第一次開會時，大家帶了好多不同版本的《小王子》回來，人人眼裡有光。Daniel、Sushan、June，謝謝你們。我最要感謝的，是本書的編輯余敏聰先生。在數不清的日與夜，我們一起並肩工作，一起見證這本書的誕生。這本書，是他作為專業編者的作品。在這裡，我要向Brian致敬。特別值得一提的是，Brian也是我教過的學生。我們這樣的師生合作，實在是難得的緣份。

本書不少文章的誕生地，是台北文山區新光路的道南館。那是一家小小的咖啡館，門前有棵高大翠綠的樟樹，屋裡有迷人的音樂和教人回味的淺焙咖啡，還有兩位好店員蠍子和紅枝枝。無數午後和夜晚，我一個人在館裡閱讀發呆寫作和凝望街上流動的風景，間或嚐嚐她們親手製作的綠茶Brownie。現在回想，那份寧靜美好，以及從寧靜美好裡溢出來的無以名之的傷感，總教我想起小津安二郎的電影。

回到香港，我的寫作之地，是中文大學范克廉樓的Coffee Corner。阿姐的奶茶阿姐的笑容，以及午後的陽光山上的白雲，總是讓我知道，不管外面多麼紛擾，這裡是我的家，是我生命的避風港。

謝謝《小王子》的譯者繆詠華女士。她的譯筆簡潔素雅，有哲意有童趣，讓我可以放心引用。我們素未謀面，但她在電郵慷慨解答了我不少關於《小王子》的疑問，使我獲益良多。

謝謝鄧偉生、李敏剛、郭志等朋友，他們對文章的初稿提過許多有用的意見。也謝謝網上許多相識和不相識的朋友，在我的文章發表後，在臉書和微博給過我許多鼓勵。你們或許不知道，你們對文章的共鳴，是我寫作的最大動力。

謝謝沈祖堯、崔衛平、陳冠中、傅月庵、莊梅岩、錢永祥、陳嘉映、劉瑜等師友的推薦。他們都是我尊敬的人。他們都讀過本書初稿，才寫下薦語。但願本書的文字，能配得上他們的肯定。

最後，謝謝我的家人，尤其是我的爸爸媽媽和妻子翠琪。這不是客套話。沒有家人的關懷和愛，我肯定不會有這樣的時間和心境寫下這樣的文字。

當然，還有可靜，我五歲的女兒。在寫作途上，可靜常常在我身邊，陪我聊天跟我玩耍，有時我會問她那是一頂帽子還是蟒蛇在吞吃大象，有時她會畫上一幅小王子哄我開心。

當我為這本書該起甚麼名字而煩惱的時候，有天送她上學，我問她意見，她想也沒想就說：《小王子愛美麗》。我再追問了好幾次，她依然堅持說，「小王子愛美麗」。是啊，小王子就是愛美麗，愛世間一切美麗的人和美麗的事。我真是差那麼一點點，就用了這個書名。

可靜，這本書下筆的時候，爸爸常會想起將來的你。但爸爸知道，到你真正能夠讀得懂的時候，爸爸很可能已經老去，而你也一定像小王子那樣，經歷了自己生命的萬水千山。但願這本書，能讓日後的你記起，你曾經有過快樂的童年，曾經忘我地沉醉於繪畫，曾經大聲笑問爸爸為甚麼天天捧著《小王子》而不理你，而我們更曾一起度過許多獨一無二的時光。可靜，謝謝你。

小王子的領悟，也是我的領悟。
領悟沒有止境。
我們一直在路上。

是為序。

周保松

二零一六年六月一日，香港

第1章

或者到某一天，你不再想做這個夢，
沒關係，那就將它放下，
順著你的心去追尋另一個。
至於夢想有沒有前途，
有固然好，
沒有……也沒啥大不了。

夢想可以飛多遠

小時候，我們每個人都有夢想。

這些夢想，寄託了我們對世界對人生最早、最美好的想像。很可惜，這些夢想往往萌芽不久，就被大人擊碎。我們於是逐漸忘記發夢，並步入所謂的「正途」。大人告訴我們，這叫成長；而成長的另一個名字，叫面對現實，叫循規蹈矩，叫識時務者為俊傑。

聖修伯里便有類似的經歷(這裡讓我們假定，他就是書中的飛機師)。讀者應記得，他在書的一開始就告訴我們，他小時候熱愛創作，曾繪畫了兩幅蟒蛇吞食大象的作品，並渴望得到大人的欣賞，誰知「大人建議我把肚皮開開或閉著的蟒蛇圖擱在一邊，還是把興趣放在地理、歷史、算數、文法上面吧。於是我在六歲的時候，就這麼放棄了美好的畫家生涯。」這段經歷，徹底改變了聖修伯里後來的人生路，並對他的心靈帶來難以磨滅的影響。

大人為何那麼狠心？這樣說或許不太對，因為大人那樣做，多半是出於善意，覺得一切都是為了孩子好，根本沒意識到這可能會給孩子帶來甚麼樣的傷害。

到底是甚麼原因，使得小朋友的夢想總是飛不遠？

我們不要輕視這個問題，因為對許多小朋友來說，他們對夢想的追求，往往是他們快樂的泉源、健康成長的動力，以及自我肯定的基石。

所謂「夢想」，通常有兩重意思。第一，它對當事人十分重要，因此絕非可有可無、隨時可棄之物，而是他十分在乎且視之為極有價值的目標。正因為這樣，夢想才能給人方向，並鼓勵人們努力向上。第二，夢想一定和現實有相當距離，故需要當事人抱有很大的決心，付出很多的汗水，夢想才有機會成真。

由此可見，大人不鼓勵小孩發夢，要麼認為這個夢根本不值得發，要麼認定它根本不可能實現。

大人不贊成小聖修伯里學繪畫，我估計主要不是因為他沒有成為畫家的潛質，而是大人覺得花時間在這件事上不值得。為甚麼呢？三個字——沒前途。

為甚麼沒前途？因為繪畫不能幫你讀上好的學校，不能助你將來找到有出息的工作，更不能為你在親戚朋輩中間贏得讚賞。沒有這些好東西，大人說，你的人生將會過得很糟糕。

小聖修伯里或會委屈地抗議：就算畫畫不能帶來甚麼好前途，但至少不是甚麼壞事，為甚麼不可以讓我試試？

講道理的大人會告訴他：千萬不要這樣想，因為這樣做是有機會成本的。人的時間有限，你將時間花在這些不實用的玩意上，也就意味著你沒有時間去做其他正經事，結果你將在迎面而來的各種競爭中，輸給那些準備充足的人。你要知道，人生本質上就是一場無止境的競賽——從幼兒園到小學，從小學到中學，從中學到大學，從大學到職場——環環相扣，每一環都是異常激烈的、適者生存的遊戲。你少壯不努力，一開始在起跑線上輸了，以後的日子就會很不好過。

所以啊——大人繼續説——千萬不要罵我們是甚麼「怪獸家長」，也不要以為我們存心折磨你，更不要嘲諷我們不懂教育。我們很清楚不讓你自由率性地做夢，你會不快樂，你的一些天賦會被埋沒，但這一切算起來都是值得的，因為我們太瞭解成年人在玩怎樣的遊戲。你要玩好這個遊戲的話，就必須及早放棄夢想，好好裝備自己，令自己成為競技場中的強者和勝者。這種放棄，有點無奈，有點不得已，但作為負責任的大人，我們必須為你的前途著想。

坦白說——大人意猶未盡——我們也很厭倦這樣的遊戲，也有許多不滿，但既然我們改變不了現實，我們就只能改變自己去適應它。一開始你可能有點吃力，但慢慢就會習慣；習慣了，就不會再抱怨……

去到這裡，小聖修伯里如果仍然不服氣，他可以怎樣說服大人呢？

有兩條路。例如，他可以順著大人的思維，說：其實畫畫也可以很有前途啊。聽到這裡，大人或會馬上笑著回應：別逗了，難道你以為自己有朝一日能夠成為梵高（Vincent van Gogh）或高更（Paul Gauguin）嗎？更何況，即使做得了梵高或高更，又有甚麼了不起呢？他們不流落街頭，已經很不錯。

小聖修伯里或許會有點不服氣地爭辯：那我可以做畢加索（Pablo Picasso）啊……

有這樣的志氣當然好。但問題是，當一個小孩夢想成為畢加索的理由，是因為他的作品於他在生時能夠賣得很好的價錢時，他就已經跌入大人的邏輯，初衷不再。

初衷是甚麼？初衷是成為偉大的藝術家。但一個人愈希望通過畫畫來賺錢，便很可能離偉大的藝術家愈遠——不是賺錢本身有甚麼不好，而是賺錢的心和創作的心之間，有著不易調和的矛盾。

還有另一條路。小聖修伯里可以大聲告訴大人，他之所以熱愛畫畫，根本和它有甚麼實際用處無關，他甚至連想也不曾這樣想過。他拿起畫筆，是因為他享受，純粹地、直接地、自自然然地享受。

享受甚麼呢？享受創作本身。

創作是甚麼？試想想，這個世界本來沒有這樣一幅畫，但因為我，它遂存在。它的存在，灌注了我的技藝、思想、情感和想像力。當我將眼中所見、腦裡所思、心內所感用筆畫下來時，我是在自由地表達自己。這個自由表達的過程，讓我得到難以言喻的滿足。

這份滿足本身，就已經是最好的回報。

說到此處，小聖修伯里眼裡閃過奇妙的光芒。

大人畢竟年輕過，於是再度同情地拍拍他，說：你懂得這樣想真不錯，可是夢想畢竟不能當飯吃。這樣吧——你暫時放下它們，先好好讀書好好工作，待日後賺夠錢了，再來追求你的創作吧。

有了這一番對話，小孩即使多麼不情願，大抵也就無話可說，只能默默順從。

夢想，在這裡折翼；成長，從這裡開始。

故事真的就此完結嗎？一個一個年輕的心靈在這個「去夢化」的過程中，會不會承受許多看不見、說不出的傷痛？又會不會失去一些珍貴之物？

會的。小孩會失去童真，失去想像力，失去好奇心，失去對事物那份最親近、最溫柔、最良善的感悟和熱愛，甚至失去快樂。

所以，問題的關鍵，並不在於聖修伯里失去了成為偉大畫家的機會，而在於他從此失去發夢追夢的心。他是直到在沙漠遇到小王子，才從小王子身上尋回那久已失去的童年的那個自己。

大人或會慨嘆說：沒辦法啊，我們都是制度的囚徒。但如果真的如此，那我們是不是應該一起去想想，如何打破這些扼殺人做夢的觀念和制度，而不是毫無保留地服從，甚至強化既有的遊戲規則？又或者，如果這個太難，個體又是否完全沒有空間和能力，在個人層面作出某些突破？

在我的人生路上，也曾領受過一次又一次善意的教誨，經歷過一次又一次難堪的挫折。還記得讀中學時，我熱愛寫作，渴望成為作家。我的語文老師說：在香港當作家沒前途，還是讀商科吧。苦苦掙扎兩年後，我終於乖乖地選了工商管理，作為大學的第一志願。

進了大學，我發覺自己最喜歡的是哲學，每天都沉醉在哲學的困惑當中，忘乎所以。大人說：哲學在香港找碗飯吃都難，為了前途，忍忍吧。忍了兩年，我終於忍無可忍，不顧家人反對，下定決心轉讀哲學。

從那天起，我領悟到，誠實地聆聽自己的內心，踏實地過自己想過的生活，真實地活出屬於自己生命的那道風景，是我之所求。

又過了這許多年，現在我也成為了大人，女兒已經五歲，同樣喜歡繪畫。如果有一天，她說她想做畫家，我該和她說甚麼呢？

我會說：女兒啊，想做就做吧，爸爸一定支持你，並永遠願意做你的作品的第一個欣賞人；又或者到某一天，你不再想做這個夢，沒關係，那就將它放下，順著你的心去追尋另一個。至於夢想有沒有前途，有固然好，沒有……也沒啥大不了。

小女孩啊，要謹記，大人的說話，不一定就是對的；大人的世界，不一定就是好的。大膽去做夢，用心讓自己的夢想飛得高一點、遠一點，這個歷程本身，就是你人生路上最美麗的風景。日後回望，你會見到，你的夢想，會成就你的個性；而個性，是人活得好的重要前提。

（我真的可以做到這樣嗎？我真的抵受得了外在的壓力嗎？我真的能夠放下大人的自以為是嗎？老實說，我沒有信心，但我會努力。）

第2章

小王子真的很天真嗎？
會不會反過來，
是大人過於老成世故，
過於將自己困在俗見習見之中，
因而失去聆聽小王子的機會呢？

大人的童心

一個小孩在他最天真爛漫的時候，不會意識到童真的可貴。讚美童真的人，都是大人。他們歷經人世的滄桑，回過頭來，才開始見到童真的好。所謂成長，往往是一個「去童真」的過程。當童真去盡，一切都回不去了，大人才會在兒童天真的眼裡，看見童年的自己。歌頌童真，往往寄託了大人對於那永逝的童年的緬懷和感慨。

除了緬懷和感慨，曾經滄海的人，還可以童心地活著嗎？

這是聖修伯里在書中，隱隱向讀者發出的大哉問。這個問題隱藏在大部份讀者都會忽略的書首獻辭裡。在那裡，聖修伯里說要將書獻給一位遠在法國的好朋友：雷翁．維爾特。他告訴讀者，這位大人甚麼都懂，就連寫給小朋友的書也懂。他還特別強調：

「要是所有這些理由還不夠的話，那麼我願意把這本書獻給曾經是小朋友的這個大人。所有大人都曾經是小朋友（可是只有很少大人會記得這一點）。」

在正常情況下，一位作者將書獻給甚麼人，是他的權利，根本不須向讀者交代。聖修伯里這番話其實是說給讀者聽的，尤其是大人讀者。他是在說：如果你想讀懂《小王子》，最重要的是要記得自己曾經是個小朋友。為甚麼呢？因為你要有一顆童心，才能理解小王子，才能像他那樣看世界。

但大人既已長大，怎麼可能還有童心？就算有，童心真的那麼重要嗎？

甚麼是童心？童心並不抽象，它就體現在書中一開始那個六歲小男孩（即年輕時的飛機師）畫的第一幅圖。那幅圖畫，畫的是一條正在消化大象的蟒蛇。

小孩子很滿意自己的作品，於是四處問大人，看了他的圖會不會害怕，料不到大人都回答他：「一頂帽子有甚麼好怕的？」

小男孩很氣餒，覺得不被理解，於是放棄了做畫家的夢想。但小男孩從此也養成一個有趣的習慣，就是每次見到大人，就「會把我一直都珍藏著的那張我畫的一號圖件拿給他看，測試一下。我想知道大人是不是真的有理解能力。」結果，他總是失望而回。

這個故事作為引子，有為全書點題的意味。這幅六歲小孩的圖畫，象徵的是人之初最本真的童心。童心所見，是對生命最直觀、最真實的把握。大人只看到帽子卻看不到蛇，因為他們已經失去那種直觀地把握真實的心。

這個故事直接呼應後來狐狸的教導：「只有用心看才看得清楚。最重要的東西，眼睛是看不見的。」這個心，我稱之為童心。飛機師和小王子一見如故，正是因為小王子能夠一眼認出飛機師畫的是「一頭在蟒蛇肚子裡面的大象」，而這大大嚇了飛機師一跳，因為他從未遇過一個人能如此直接地看到事物的本相。同樣地，因為他的童心，小王子能夠輕易穿過飛機師幫他畫的箱子，看到裡面住著一頭一般人看不見的綿羊。

讀者或會說：小王子能夠看見，因為他本身就是兒童嘛。不是的——我們不要忘記，當小王子在沙漠遇到飛機師時，他早已不是B612小行星上面那個不曾見過世面的天真小男孩。經過長時間的遊歷，他已見識過大人世界的種種，例如甚麼是權力，甚麼是虛榮，甚麼是對金錢的迷戀，甚麼是毫無反思的對職責的盲從，甚麼是坐井觀天式的對世界的認知。走過這些路，小王子早已不再年輕。

小王子的了不起，是他見盡人生百態，仍然能夠保存童心：不市儈、不世故、不算計，率性、善良、好奇，樂於信任人也敢於去馴服人，並對天地萬物有一份溫柔的感受和溫厚的感情。

在此意義上，小王子歷盡滄桑，仍然心若赤子。

為甚麼小王子可以那麼厲害？在聖修伯里筆下，這一切好像都輕而易舉。也許小王子真的擁有某種獨特的天賦，總是可以不受別人影響，總是可以保持好奇心，也總是有勇氣做自己認為對的事。但在真實世界，我們絕大部份人，都是忘記了自己曾經年輕過的大人，甚至都變成自己年輕時最不喜歡的那種大人。

要恢復童心，幾乎是不可能的任務，因為它要求我們在明白大人世界的各種遊戲後，甚至在跌過痛過後，仍然能夠走出來，珍惜小孩子生而具有的那些美好品質。

這些都是好東西啊，為甚麼會那麼難？

首要之難，是人生並非白板一塊，不可能隨時重新來過。

人的成長，是一個社會化（socialization）的過程。我們從小時候開始，就被教導要努力做個「好大人」。

好大人是怎樣的呢？要世故、圓滑，要懂得保護自己，要學會務實地為自己打算，要小心翼翼跟著主流期望走。

如果人生是一幅畫，那麼我們每個人的畫布，早已在成長路上，被塗上一層又一層的濃彩，難以看到當初的模樣。回首來時路，我們雖然還有兒時記憶，但卻很難回去了。

回不去，不僅是能力的問題，也是選擇的問題。

人是社會動物。我們的倫理規範，我們的意義世界，我們對自我的認識，以至我們的語言，都從社會而來。我們很難徹底遺世而獨立，很難雖千萬人吾往矣，因為我們需要在各種社會實踐中，得到別人的肯定和認可。

這種需要，往往是人積極活著的最大動力，因此我們自小就努力在考試中爭取優異成績，在工作中求取卓越表現，在人際交往中博取別人讚賞。

問題在於，這些不同領域的社會實踐，都有既定的遊戲規則，而且往往

根深蒂固、保守非常。如果要在這些不同領域取得成功從而贏得他人肯定，你就必須全心全意認同這些規則，並將自己打造成最能適應這些遊戲的人。

諷刺的是：你愈成功，便愈容易失去自己，因為既有的規則會將你的個性和初心磨掉。

為甚麼呢？因為這些就是大人的遊戲啊。小王子在不同星球遇到的那些很奇怪的人，不正是我們生活世界中的正常人嗎?!

不得不承認的是，我們絕大部份人都在這種狀態下生活，甚至根本不曾意識到這些遊戲規則如何在生活中以不同方式，在最深的意義上界定、影響和支配我們的人生。

遊戲中的佼佼者，由於很少出現「認同」危機，因此也就不會察覺自己在這個過程中失去甚麼；遊戲中的失敗者，由於甚少能夠跳出遊戲之外，去反思規則本身的合理性，於是往往終日自卑自憐自怨，並習慣地將一切不幸歸咎於自己。

我們遂見到，無論是成功者還是失敗者，都被深深鎖在主流社會界定的「社會認可網絡」，並在其中浮浮沉沉。也許只有那些深刻感受到與這個認可網絡扞格不入的人，才會實實在在體會到不自由。

這種不自由，不是外力對你的行動的直接干預，而是社會大環境對你構成的無形約束。這些約束，會限制我們生命的地平線，窒礙我們對生活的可能性的想像，還會阻擋我們個性的自由發展。

這是人的存在根本的兩難。你一旦活在社會，就得受社會化所限；你的自由意識愈強，往往便愈痛苦。

有甚麼出路呢？

從上可見，似乎只有兩條路。要麼你一心一意與社會「和解」，無條件地跟從它的遊戲規則，並接受或忍受其後而來的種種後果；要麼你根本不在乎社會定下的框框，活在社會之外，自己肯定自己。但後面這條路實在難走，你不僅需要智慧和勇氣，還得忍受長期活在旁人無法理解的孤獨之中。有第三條路嗎？在聖修伯里的構想中，小王子就是在嘗試走第三條路。

小王子沒有逃離社會或拒絕社會，而是勇敢地走向社會（告別他的小星球，進入社會認識不同的人），並在明白社會世態後，依然保存童心，依然認真地活著，依然願意真誠地建立各種馴服關係。

更為重要的是，小王子如此認真地活著，不僅是為了自己，同時也在改變世界。為甚麼呢？

因為小王子活在社會之中，而不是在世界之外。他改變，他身邊的世界必然跟著改變——狐狸因他而變，花園中的五千朵玫瑰因他而變，飛機師也因他而變。

即使他短暫造訪過的國王、愛虛榮的人、酒鬼、生意人、點燈人和地理學家，同樣因小王子的到來而有所不同，因為他們有機會看到另外一種活著的可能。

當社會因為像小王子這樣的人而變得好一點，人與社會之間的張力就會小一點，自由地和解的可能就會大一點。

我們千萬不要小看個體在生活中點滴的努力對世界可能產生的影響，因為我們怎樣生活，世界就會成為怎樣——無論這種轉變看似多麼微小。

小王子是否過於天真？

確實有點兒天真。許多大人雖然很喜歡小王子，但如果你問他們是否願意像小王子那樣去照顧玫瑰，那樣願意花時間去馴服狐狸，他們會立刻搖頭說不，並語重心長地補上一句：「人在江湖，身不由己啊！小王子畢竟只能活在童話裡面。」

小王子真的很天真嗎？

會不會反過來，是大人過於老成世故，過於將自己困在俗見習見之中，因而失去聆聽小王子的機會呢？

而人一旦完全失去童心，會不會也就失去一些至為重要的情感和價值，個人生命因而有所缺失？這是聖修伯里向大人提出的問題。讀過《小王子》的人，自然知道他的答案。

好吧，有人或會説：就算童心很重要，但我們都已長大成人，還有可能返老還童嗎？

聖修伯里一定會説：請記住啊，童心不是要你的身體回到童年，也不是要你的心智回到童年，而是要你用心珍惜童年時曾經有過的夢想和價值。夢想和價值與年紀無關，卻與我們的生活態度相關。

如果童真地活著值得嚮往，我們就必須明白，童心絕非唾手可得之物，而是人生一場不懈的領悟和修行，既需要我們對社會、對自我有深刻的認識，對甚麼是生命重要之事有認真的思索，也需要我們有踐行信念的勇氣。

更重要的是，我們要有「能捨」的智慧。我們要見到，既想得到大人世界的諸多好處，又要能像小王子那樣本真地活著，其實存在著難以化解的張力，因為這是兩種世界觀和兩種生活方式的選擇。

現代人要走出孤獨疏離之境，就要學會放下過度的欲求，覓回失落已久的童心。

用狐狸的話：只有用心，我們才能見到生命中最本質最重要的東西。也只有這樣，我們才能學會好好生活。

第3章

燈火闌珊處站著的那人，
遂似近卻極遠，可望而不可即。
這不是一件容易的事。
這是一件必須接受的事。
懷念只能留在心裡。

初戀的脆弱

還記得年少時初讀《小王子》，我最不解的，是小王子為甚麼要決絕地離開玫瑰，害得深愛他的玫瑰要在小行星孤零零地生活。

如果這是一個關於初戀的故事，最美好的結局，難道不應是小王子和玫瑰一見鍾情，然後彼此相親相愛，最後長相廝守以終老嗎?!

那時我相信，真正的愛情，不能只求曾經擁有，而應該求天長地久。「不在乎天長地久，只在乎曾經擁有」，是我們那個年代轟動一時的鐵達時名錶廣告，主角是周潤發和吳倩蓮。及後年紀漸大，我經歷了自己初戀的挫敗，目睹身邊許多朋友初戀的挫敗，也在文學和電影故事中看到無數初戀的挫敗，又或為了避免這種挫敗而總是習慣性地安排故事主角早逝，以使得所有美好永恆地停留在時間的某一刻。我開始困惑：人生中最純潔、最投入、最刻骨銘心的初戀，為甚麼總是如此脆弱、那麼短暫？

我開始問：小王子的離開，是不是有著某些普遍的、關於人性和情感的秘密在背後，因而具有某種必然性？

我被這些問題困擾經年，卻始終沒有答案。

過去大半年，我一個人在台北文山區新光路慢慢過活，靜靜重讀《小王子》，細細回憶往事，始漸漸體會，問題也許不在於在乎不在乎，而在於這是成長必須走過的一段路。

小王子的出走，是因為玫瑰不夠美麗嗎？當然不是。在小王子眼中，玫瑰美得教他「心旌神搖」，並認定她是全宇宙最迷人的、獨一無二的花兒。是因為厭倦嗎？也不見得。直到臨走的一刻，小王子仍然在悉心照顧玫瑰，沒有流露半分對玫瑰的不耐煩。

是因為玫瑰不夠愛他嗎？那更不可能。事實上，在分手的一刻，玫瑰放下所有驕矜，向小王子表白：「是的，我是愛你的。你一點都不知道，都怪我。」

小王子如此決絕地非走不可，我認為一個較為合理的解釋，是他經歷了一場初戀的危機，這場危機使得他無法面對玫瑰，也無法面對自己，遂不得不離開。

問題是，為甚麼會有這場危機？為甚麼離開是應對危機的唯一出路？

所有問題的答案，都隱藏在書中第八章那短短幾頁之中。但作者聖修伯里的描述過於簡約含蓄，故我們需要代入小王子的處境，並運用一點想像力和同理心，才能理解他的掙扎。

小王子要離開，是因為他和玫瑰雖然都愛對方，但卻相處得很不好，以致彼此誤解，互相折磨。對玫瑰來說，她很在乎小王子，很渴望得到小王子的愛護，但卻不懂得如何表達，於是愈愛，便愈怕失去；愈怕失去，便愈容易在小王子面前自卑。

為了掩飾自己的自卑，她唯有通過吹噓來肯定自己，例如誇口說自己身上的四根刺足以抵擋老虎，又或誑稱自己來自另一個比B612好得多的星球。小王子毫無戀愛經驗，無從明白玫瑰的心事，結果「玫瑰隨口說的一些無關緊要的話，小王子都信以為真，因此變得很不快樂」。

為甚麼會那麼不快樂？那自然是因為他也很在乎。

愈在乎，心便愈敏感；愈敏感，便愈忍受不了對方半分的不好。

玫瑰其實知道小王子的痛苦。是故當小王子向她道別時，她沉默良久，才從口中輕輕說出：「我以前真傻，請你原諒我。你要快快樂樂的。」玫瑰其實十分不捨、異常難過，但她沒有挽留；因為她知道小王子不快樂，她希望小王子快樂，但她沒有能力令小王子快樂，於是只好放手。

為甚麼會這樣？因為這是他們的初戀。因為其初，所以情動於衷，所以全情投入，但卻也因為其初，所以手足無措，所以茫然無助。小王子很愛玫瑰，玫瑰很愛小王子，但他們卻不懂得如何維繫這段感情。

一段穩定的關係，不僅需要激情，還需要聆聽，需要理解，更需要體諒和分擔。

初戀的脆弱，正是因為雙方都渴望得到最好的愛，但卻不懂得怎樣好好去愛。愛，需要學習；受傷、跌倒、挫敗，庶幾是這個過程必經的一課。

小王子後來有一段教人動容的懺悔：

「當時我甚麼都不懂！我應該根據她的行為，而不是她的言語來評斷她。她芬芳了我的生活，照亮了我的生命。我真不該離開她！我早該猜到，在她那可笑的裝腔作勢後頭，暗藏著柔情蜜意。花兒總是如此言不由衷！可惜當時我太小了，不懂得好好愛她。」

這實在是很痛的領悟。問題是，如果小王子不離開，他還會有這番領悟嗎？

恐怕不能。只有在曾經滄海（造訪不同星球，並見識不同的人），在眾裡尋她千百度（見過五千朵長得同樣美麗的玫瑰），並經過狐狸的啟蒙，因而知道甚麼是馴服之後，小王子才有足夠的人生閱歷，去理解玫瑰和瞭解自己。

直到那一刻，小王子才開始明白他錯過了甚麼、失去了甚麼，也才開始生出對玫瑰無盡的思念。真正的痛，不在分手的一刻，而在領悟之後。一旦領悟，小王子遂意識到自己對玫瑰的責任，並對年少無知帶來的傷害生出無盡的歉疚。

徹底投入第一次戀愛並徹底受傷的人，多年後回看，往往會意識到，那是人生真正的分水嶺。初戀前和初戀後，是兩種不同的心境，也是兩個不同的自己。

所謂「曾經滄海難為水」，大抵也是這個意思。

讀者或會問：玫瑰後來怎樣了？她的生命沒有了小王子，往後的日子怎麼過呢？

作者沒有告訴我們。可以肯定的是，一如我們每一個人，初戀是情感生命的開端，而不是終點。無論最後結果是甚麼，我們都會在感情的路上跌跌碰碰，努力前行，如人飲水冷暖自知。

讀者或又會好奇，小王子會不會最後真的回到他的小行星，和玫瑰重逢，從此快樂幸福地生活在一起？

作者同樣沒有告訴我們。但在真實人生，小王子這一去，恐怕多是沒有回頭路，因為即使重遇，由於兩人別後走上極為不同的道路，因而具有極不一樣的人生，彼此的心恐怕難如當初那樣相印。

燈火闌珊處站著的那人，遂似近卻極遠，可望而不可即。這不是一件容易的事。這是一件必須接受的事。

懷念只能留在心裡。

這是遺憾嗎？

也許是，也許不是。要看我們有著怎樣的心境。

天上的白雲飄過山巒，雲影雖不能久留，交會的美好卻能長駐心間，直到永遠。

第4章

他之所以愛玫瑰，

主要是因為玫瑰的獨一無二令他自豪。

既然這個已經不是事實，

那麼他還有理由繼續去愛玫瑰嗎？

這是小王子必須面對的問題。

小王子的領悟

小王子離開他的B612後，四處遊歷見識，心情一直不錯，也不怎麼掛念他的玫瑰，直至來到地球，偶然途經一個大花園，見到裡面開滿五千朵燦爛的玫瑰，他一下子崩潰，經歷人生最大一場危機。

這是全書最戲劇性的一幕。沒有這一幕，就沒有緊接而來狐狸的出場，而狐狸的主要任務，是要幫助小王子走出危機，步向真正的成長。可以說，不理解這場危機的來龍去脈，我們就很難讀懂《小王子》。

小王子第一眼見到五千朵玫瑰，有甚麼反應？

「他感到自己非常不幸。他的那朵花兒曾經對他說，她是全宇宙唯一的一朵玫瑰花。可是，光這座花園就有五千朵，每一朵都跟她好像！」

這段話透露出三重意思。第一，小王子首次認識到，他的玫瑰原來並非宇宙唯一，而他之前一直如此認定。他於是有一種認知上的驚醒。

第二，小王子也許同時感覺受騙，因為這是玫瑰告訴他的。但他馬上意識到這不可能，因為玫瑰是在B612出生的，她自己也給自己誤會了。如果玫瑰知道實情，一定會又難堪又憤怒。

第三，小王子感到很不幸很傷心。讀者或會想，這有甚麼好難過呢？應該開心才對，因為小王子可以在一個朋友也沒有的地球，見到長得一模一樣的玫瑰，而且不是一朵，是五千朵，照理該有一種他鄉遇故知的安慰。小王子如此剖白：

「我自以為擁有一朵獨一無二的花兒，所以很富有，其實我擁有的只是一朵普通的玫瑰。這朵花兒，再加上我那三座跟膝蓋一般高的火山，其中一座搞不好還永遠熄滅了，我不會因為這些就成為一個非常偉大的王子……」

這裡解釋得很清楚，小王子如此痛苦，因為他的整個自我肯定(self-recognition)的基礎，在他與五千朵玫瑰照面的剎那，遭到徹底粉碎。人生在世，不僅需要麵包，還需要一些東西來肯定自己活著的意義。

小王子靠甚麼來肯定自己呢？不是權力，也不是財富，而是靠擁有全宇宙獨一無二的美麗的玫瑰。對，是獨一無二的美麗——這裡的要點，既在美麗，更在獨一無二(uniqueness)。美麗當然重要，但世間美麗的東西多的是，最難得的是獨一無二的美麗。

為甚麼「獨一無二」如此重要？

說起來也不太難理解。我們知道，「獨一無二」是個比較的概念。和甚麼比較呢？第一是和其他花比較，全宇宙只有一朵這樣的花；第二是和其他人比較，世間只有他小王子一人擁有這樣的玫瑰。

小王子實際上認為，美麗是重要的，獨一無二的美麗更是無可取代地重要，而他的玫瑰正好滿足這兩個條件，因此他較世間所有的人都要幸運、富足和偉大。

由此可見，對於甚麼是有價值的人生，小王子心裡其實有個比較的標準，而他相信這個標準是客觀有效的，不僅可以用來評價自己，也可以用來量度他人。所以，當他在旅途中遇到那些大人時，他不僅沒有半分自慚形穢，而且自信滿滿，因為他認定自己擁有宇宙間獨一無二的無價之寶。

有了這個背景，我們便能明白，為甚麼當小王子見到五千朵玫瑰，他的意義世界會瞬間崩塌——他發覺自己一直活在虛假之中，他的玫瑰其實並非獨一無二。他既不能自欺欺人，一時又找不到別的方式來肯定自己，遂陷

入自我認同的危機。

所謂危機，是指在剎那間，小王子失去了活著的意義，因為賦予意義的那個價值背景已不存在。

一旦危機感全面襲來，除了迷惘、失落、傷心，小王子恐怕還須承受兩種不曾預料的後果。

第一，是他對玫瑰的愛。按他自己的說法，他之所以愛玫瑰，主要是因為玫瑰的獨一無二令他自豪。既然這個已經不是事實，那麼他還有理由繼續去愛玫瑰嗎？這是小王子必須面對的問題。他要麼放棄去愛，要麼需要新的愛的理由。後來的故事告訴我們，他選擇了後者，是故小王子在這個危機轉化的過程中，同時轉化了他對玫瑰的感情。

第二，是玫瑰自己的感受。我們知道，玫瑰和小王子一樣，也以為自己是獨一無二，並以此肯定自己——雖然她的真正用心，可能是想藉此贏得小王子的愛，而不是認為「獨一無二」本身有甚麼了不起。問題是現在小王子知道了真相，他的同理心必然會促使他去想：如果玫瑰知道了，她會怎麼辦？

事實上，小王子第一時間想到的，就是玫瑰：

「她八成會氣壞了，萬一她看到這些……她會咳得好厲害，還會裝死裝活，掩飾自己的荒謬可笑。而我則會被迫假裝去照料她，因為，如果我不這麼做的話，她為了也讓我難堪，真的會任由自己自生自滅……」

小王子在這裡看似輕描淡寫，但如果我們稍為用心，一定可以讀出許多意在言外的情味。例如，面對那麼大的認同危機，小王子第一時間想到的，竟是玫瑰的感受，而不是自己的處境。這種沒有理性計算的即時反應，最能反映一個人的真實感情。這正好説明，小王子其實很擔心玫瑰能否承受得了這個殘酷的真相。

玫瑰要如何面對這個危機呢？

小王子似乎認為，只要他一如既往地用心照顧玫瑰，她就會沒事。但這恐怕有點一廂情願。因為玫瑰心裡清楚，她是否真的獨一無二，會直接影響小王子如何對待她，同時也影響她自身的存在意義。她不僅為小王子而活，同時更為自己而活，她因此想必會自問：如果我不再是獨一無二，我靠甚麼來肯定自己？在此意義上，玫瑰的認同危機不會小於小王子。

聰慧如小王子，必然會想到這一層。一旦想到，出於關愛，玫瑰的問題也就成了他的問題。

至此我們見到，五千朵玫瑰的出現，導致小王子不得不面對三大挑戰——他自己的認同問題；玫瑰的認同問題；以及基於甚麼理由繼續去愛玫瑰的問題。

這三個問題，最終歸結為同一個問題：在理解自我及理解愛情上，「獨一無二」的意義何在？小王子要解決他的危機，就必須重新思考這個問題。

「狐狸就是這時候出現的。」

這是第二十一章的第一句話。「這時候」指的是小王子身陷危機的當下，而狐狸的出現，顯然是要來拯救他，方法則是教曉他「馴服」的道理。

甚麼是馴服呢？狐狸說，馴服就是建立關聯（ties）。這是甚麼意思呢？狐狸給了一個很具體的說明：

「對我來說，你還只是一個跟成千上萬個小男孩一樣的小男孩而已。我不需要你。你也不需要我。對你來說，我還只是一隻跟成千上萬隻狐狸一樣的狐狸而已。可是，如果你馴服我的話，我們就會彼此需要。你對我來說，就會是這世上的唯一。我對你來說，就會是這世上的唯一……」

狐狸這段話，有三個關鍵詞：「馴服」、「彼此需要」和「世上的唯一」。狐狸很聰明，牠知道小王子十分在乎「獨一無二」，所以牠並不打算直接否定這個概念，而是賦予它另一重意義。如果小王子接受這個新詮釋，他就可以不再被原來那個觀念所困，並因此既能夠重新肯定自我，也可以重新肯定他對玫瑰的感情。

現在的問題是，為甚麼通過馴服，小王子就可以對自己說：沒關係，即使我的玫瑰只是萬千玫瑰的其中一朵，即使在外人看來她們沒有任何分別，但因為她是我的玫瑰，得到我的悉心照顧，並建立起彼此需要的關係，她於我就是世上的唯一呢？

這裡，我們需要區分兩種不同意義的「獨一無二」。

第一種是認知意義上的，即某一事物是否獨一無二，原則上我們每個人都可以通過認知能力去作出驗證或否證，而得出的判斷是有真假可言的。

換言之，B612的玫瑰是否真的是宇宙的唯一，我們可以將她和其他花做比較，如果發現她們是同一類，我們就有充份理由說，這朵玫瑰其實並非獨一無二。

由於它是基於人人可觀察到的經驗事實而作的結論，因此具有客觀普遍性。小王子最初也是用這種觀點來理解甚麼是獨一無二，他的自信和危機，皆源於此。

狐狸沒有否定這種觀點。但牠說，我們可以有另一種理解問題的方式，這裡可稱之為「馴服關係裡的獨一無二」。它指的不是客觀存在於世界的某一事物，而是指內在於某種特別關係裡的情感、價值和記憶。

它有三個特點。第一，它是在特定的關係裡面產生；第二，只有用心投入，才有機會感受得到，站在外面的人，很可能完全無感；第三，它只對身在關係中的人才有效。

狐狸因此說，如果小王子馴服了牠，「你對我來說，就會是這世上的唯一」。但這並不是說，這種「唯一」是主觀的、任意的或不真實的。相反，它

必須真實存在並且真正地影響當事人，當事人才會被打動，才會在彼此共建的關係裡找到活著的意義。

這樣說，似乎仍然有點抽象。或許我們可以從狐狸的角度，和小王子再做一點分享。

狐狸說：小王子啊，你要明白，生命中真正重要之事，並非單從外在的觀點，去看她有多麼與眾不同。就算一朵花真的獨一無二地存在於世界上，如果她和你沒有產生任何聯繫，沒有建立任何感情，她的「唯一」於你又有何意義？

重要的是，你找到你真正在乎的人（這裡讓我們先假定，馴服的對象是人），然後用心去發展你們的關係。

要建立這樣的關係，你要用心，要願意投入時間去關心和聆聽對方，瞭解對方的需要；你要找到彼此相處最恰當的儀式，同時也要承擔起照顧對方的責任，以及願意承受因愛而來的眼淚。

是的——狐狸繼續説——我不是獨一無二，因為你知道這個世界還有成千上萬的狐狸；你也不是獨一無二，因為我也知道這個世界還有成千上萬的小男孩。但如果我們彼此馴服，我們就會在我們的關係裡，體會到另一種意義的獨一無二——我們一起走過的路，我們的共同記憶，我們的生命因為這樣的相遇而帶來的改變，都是不可重複、不可取代的。

小王子啊，這種感受，只要你投入其中，自會明白。

舉例説吧，你看到那邊的麥田嗎？我不吃麵包，麥子對我毫無用處，我對麥子也毫無感覺，但只要你馴服了我，那麼以後只要風吹麥子，我就會歡喜，就會想起你金黃色的頭髮。在此意義上，你之於我，就是此生無可替代的唯一，因為是你，而不是別的成千上萬的男孩，走進我的生命。

小王子聽完這番分享，終於可以放下之前那種對「獨一無二」的執著，並明白他對玫瑰的愛，不是由於玫瑰是世上唯一，而是因為兩人彼此馴服，互相照亮了對方的生命。

如何證明小王子真的懂得這個道理呢？狐狸很有智慧，牠在和小王子告別之前，特別叮囑他再回去玫瑰園一次。於是，我們讀到小王子向五千朵玫瑰說的一番話：

「你們很美，可是你們是空的，沒有人會為你們而死。當然，我的那朵玫瑰，普通路人會覺得她跟你們好像。可是光她一朵，就比你們全部加起來都重要，因為她是我澆灌的。因為她是我放進罩子裡面的。因為她是我拿屏風保護的。因為她身上的毛毛蟲（除了留下兩三條變成蝴蝶的例外），是我除掉的。因為我傾聽的是她，聽她自怨自艾，聽她自吹自擂，有時候甚至連她沉默不語我都聽。因為她是我的玫瑰。」

因為她是我的玫瑰，所以她於我，就是宇宙的獨一無二。

這，就是小王子的領悟。

第5章

雙重自主性，加上生命的偶然性，
使得一個人和另一個人
在時空的某一點
能夠恰好相遇
然後彼此馴服的機率，變得極小。
緣份之難，即在此處。

如果你是五千朵玫瑰的其中一朵

喜歡《小王子》的朋友應該記得，在書中第二十章，小王子來到地球後，偶然經過一座開滿玫瑰的花園，見到裡面的五千朵玫瑰，長得和B612行星那朵一模一樣，於是驚覺他的玫瑰原來並非世間獨一無二。他十分難過，並經歷一場嚴重的身份危機。其後小王子遇上狐狸；得其啟蒙，終於明白生命中最重要的事情，是通過馴服來建立獨一無二的關係。

在他們道別之際，狐狸叫小王子再回去玫瑰園一趟。狐狸認為，只有這樣，小王子才能重建他的自信，並活學活用牠的教導去理解他自己和他的玫瑰的關係。於是，就有以下的一幕。

「你們跟我的玫瑰一點都不像，你們還甚麼都不是呢」，因為「沒人馴服你們，你們也沒馴服任何人」。這些玫瑰聽完，感到很難堪。

小王子還不肯停下來，繼續羞辱她們：

「你們很美，可是你們是空的，沒有人會為你們而死。當然，我的那朵玫瑰，普通路人會覺得她跟你們好像。可是光她一朵，就比你們全部加起來都重要，因為她是我澆灌的。」

小王子的態度，和他第一次來花園時，可說是截然不同。也許是急於重新肯定自己，又或者過於掛念他的玫瑰，小王子似乎沒有想過，他的這些話，會深深傷害這五千朵玫瑰的自尊，並令她們陷入一場他曾經經歷過的身份危機。

如果你是這些玫瑰，會怎樣回應小王子？

我想，很少讀者會考慮這個問題，因為大部份人不會代入這些玫瑰的角色去看世界。他們羨慕的，往往是小行星上那朵為小王子所愛的玫瑰。

可是，如果我們停下來想想，我們或會意識到，在我們的真實人生，大部份人都不是那朵玫瑰，而只是五千朵的其中一朵。如果我們再誠實一點，我們甚至得承認，我們很可能連玫瑰也不是，而只是長在路邊不起眼的小花小草。

玫瑰雖然難過，但道理不見得就在小王子的一邊。她們可以反駁說，小王子這樣教訓她們，一點也不公平。

第一，她們之前並沒有機會瞭解馴服的道理。如果小王子不曾遇上狐狸，恐怕也不會有那番領悟。而一個人能否遇上生命中的啟蒙者並領受其中的教導，多少有運氣的成份。所以，即使小王子說得有理，也不需要用一種勝利者的姿態來教訓她們，而應對她們有一份基本的同情和理解。

第二，就算她們知道這個道理，但在人海中能否遇上生命中的小王子，一樣需要許多運氣。即使日後玫瑰園再有一位王子來訪，那最多也就只能馴服五千朵玫瑰的其中一朵。這份無奈，小王子過於年輕，根本難以體會。

第三，小王子說，光是他的那一朵玫瑰，就比起五千朵加起來還要重要，這個判斷並不公允，因為這裡所謂的「重要」，只是從小王子自己的角度來衡量。如果我們改從一個客觀、普遍的觀點來看，那麼我們會見到，每朵玫瑰都是平等的，都有自己的內在價值，誰也不比誰更重要。所以，既然小王子不在乎她們，她們也就不必用他的標準來貶低自己。

做完這番回應，玫瑰們是不是就可以心安理得地活下去？

恐怕不容易。因為小王子在這裡確實提出一個相當重要的哲學命題：客觀而言，沒有馴服過的人生，是沒有價值的。

如果玫瑰們接受這個結論，那麼在小王子走後，她們就得面對一個很大的挑戰——如何在生活中找到馴服的對象，並活出一種有馴服關係的生活。

這個挑戰不是向別人交代，而是向自己交代，因為生活是她們自己的。如果她們希望活得好，就必須認真對待這個問題。

玫瑰們至少有兩種方式回應這個挑戰：要麼積極尋找馴服的對象，要麼賦予「馴服」這個概念更為豐富的內涵。

第一種方式最直接也最正面，但需要許多條件的配合。例如首先要找到值得你去馴服的對象，然後又要對方願意被你馴服。馴服是個相互選擇、相互接納和相互投入的過程，體現了一種相互性（mutuality）。

既然如此，馴服就不可能只是單向的、或可以完全由某一方來決定的行為。即使這五千朵玫瑰多麼愛慕小王子，只要小王子眼中沒有她們，一切也是徒然。這不一定表示這些玫瑰本身不美、不值得小王子去愛，而只是意味著小王子的心在那一刻容不下她們。

我們知道，一段關係開始的起點，最關鍵的不是誰對誰錯，而是能否相配，因為馴服裡面既要有自己的自主，也必須尊重對方的自主。這種雙重自主性，加上生命的偶然性，使得一個人和另一個人在時空的某一點能夠恰好相遇然後彼此馴服的機率，變得極小。

緣份之難，即在此處。

玫瑰們終要明白，在人與人的關係上，不管一個人付出多大的努力，也永遠沒法保證最後一定能有好的結果。

第二種方式是甚麼呢？那就是拓寬我們對「馴服」這個概念的想像。例如玫瑰可以說，儘管我們需要通過馴服來找到活著的意義，但卻不必將建立聯繫的對象局限在「小王子」身上，而可以是一些值得投入和獻身的活動，例如個人的事業、信仰、藝術追求或社會理想。

這種說法，是不是有點自欺欺人？不見得。如果我們細心觀察一下，當發覺在我們身邊，除了家庭、事業和愛情，許多人也會傾注大量時間和心力

在他們認為有意義的事情上，甚至視之為畢生的志業，例如動物權益、環境保護、綠色生活、轉型正義、性別平等和工人福祉等。

更重要的是，他們不會認為這些是可有可無的隨意選擇，而是能夠提出理由來作出合理證成（justification）的重要目標。

當這些目標成為他們真心認同的志業時，也就意味著目標背後承載的價值，已走進他們的生命，並與他們建立起難以分割的聯繫，並在最深的意義上，成為界定自我和安頓生命的基礎。與此同時，這種內在的聯繫也會產生相應的責任，促使當事人好好守護和實現這些價值。

就此而言，如果我們跟從狐狸的教導，這種對志業的追求，也是生命的一種馴服，雖然在這裡，馴服的對象不再是某個特定的人。

有了這個領悟，玫瑰們就不必每天呆在花園，被動地等待她們生命中的小王子，而可以主動地去發掘自己的志趣，尋找值得委身的志業，並大聲地告訴小王子——即使沒有人為我而死，我的生命也不是空的。

最後，還有另外一種可能，是狐狸不曾教導過小王子，也往往為人忽略的，就是「自我馴服」的理念。

人既是主體，也是客體。自我馴服的意思，就是我們將自己的生命視為需要用心善待和建立聯繫的對象。通過感受自己的身體，聆聽自己的內心，愛惜自己的人格，我們慢慢學習認識自己和愛護自己。

我們千萬不要以為，瞭解自己是一件容易的事。在很多時候，這個離我們最近的「我」，恰恰離我們最遠，因為人會自欺、自憐、自卑、自我放逐，甚至自暴自棄。

在我們真實的人生，我不一定最懂「我」，也不一定最愛「我」。懂我愛我，也許是學做人最難的一門功課。

我們因此要留意，馴服自我、馴服他人及馴服志業三者之間，不是對立的或非此即彼的關係，而可以是相互補足和相互支持的。我們甚至可以說，人只有先學會好好馴服自己，才能好好馴服他人和生命中的志業。

為甚麼呢？因為「我」是所有關係的主體，如果我們不能好好愛自己，讓自己活得健康、正直和有愛，我們也就很難和外面的世界建立起好的關係。

讀者或會好奇，小王子為甚麼可以那麼容易就能馴服玫瑰、狐狸和飛機師，並和他們每一位都建立起深厚的情誼。原因當然不在於他特別英俊，也不在於他特別有權勢和富有，而在於他能自愛。他自愛，所以容易得到別人的愛。

有了以上的覺悟，當玫瑰們失意於外面的世界，難以找到願意為她們而死的人，她們仍然可以對自己說：沒關係，即使如此，我還是能夠每天好好欣賞落日，好好細味風吹麥田的聲響，好好在春夏秋冬的季節變換裡感受樹葉的不同顏色，然後好好老去。

在此意義上，我的生命，由我自己來馴服。

第6章

你走後，
每當風吹麥田，麥穗起舞，
麥子的顏色就會提醒我，
曾經有個金黃色頭髮的王子，
走進我的生命，
和我有過美好的相遇。

因為麥子的顏色

在《小王子》第二十一章，小王子和狐狸作最後道別時，曾經有過這樣一段動情的對話：

小王子就這麼馴服了狐狸。然而，離別的時刻終於逼近：

「啊！」狐狸說……「我會哭的。」

「都是你害的。」小王子說，「我一點都不想傷害你，可你偏偏要我馴服你……」

「是啊。」狐狸說。

「可是你會哭啊。」小王子說。

「是啊。」狐狸說。

「所以說你一無所得！」

「我有。」狐狸說，「因為麥子的顏色。」

他們不是簡單地說再見，而是在永別。在此之前，他們在地球上相遇，狐狸教曉了小王子「馴服」的道理，然後小王子馴服了狐狸。

在這個學習過程中，小王子開始明白他對玫瑰是怎樣的一種感情，體會到箇中的責任，遂暗暗地做了離開的決定。狐狸很不捨，但沒有強留，雖然眼淚忍不住要掉下來。

小王子見到狐狸傷心，心裡歉疚，口裡卻不肯認錯，還有點不近情理地將責任一股腦兒推給狐狸。狐狸一點也不氣惱，甚至直認一早就知道馴服裡面有傷害，但牠並不後悔，因為小王子留給牠「麥子的顏色」。是故此地一為別，路遙天闊，重會無期，也非「一無所得」。

小王子為甚麼看來如此無情？

這裡牽涉到一些小王子自己也未必能夠明瞭的情結。小王子其實很尊重和信任狐狸，對他的教導言聽計從；小王子當然也感激狐狸，因為在他經歷人生最大的身份危機時，是狐狸將他拯救出來，讓他知道即使他的玫瑰並非宇宙中的唯一，他仍然可以通過馴服來建立獨一無二的關係。

所以，面對離別，小王子絕非無動於衷。他不是在卸責，也不是在埋怨，而是在難過之中，生出一種情緒的反彈。他在追問狐狸的同時，其實也在追問自己：如果所有美好終必逝去，如果愛到最後終須受傷，委身於愛，意義何在？

小王子在絕望中，盼望狐狸能夠給出理由說服他。

唯有如此，他才能更好地見到馴服的價值，也才不會覺得愛到最後終是「一無所得」。

為甚麼馴服會令人受傷？

驟看之下，這個問題有點奇怪，因為馴服的本意是建立感情，彼此關愛，助人脫離孤獨，理應和傷害扯不上甚麼關係。

或許有人會說，那是因為有人的地方就有矛盾，有矛盾就有衝突，有衝突就會有人利益受損。但這肯定不是聖修伯里的原意。狐狸感到受傷，並不是因為牠和小王子發生了甚麼爭執、起了甚麼磨擦，而是因為牠實在太愛小王子。

這個觀點看似有點難解。魯益師（C. S. Lewis）的著作《四種愛》中的一段話，或許能夠給我們一點啟發：

「不管怎樣，去愛就會容易令人受傷。愛上任何事物，你很難不會因此心亂如麻，甚至為之心碎。如果你想確保自己分毫無損，唯一方法就是不去愛任何人，甚至愛動物也不行。」

為甚麼呢？因為人一旦愛，就會在乎；一旦在乎，就會全情投入；一

旦投入，就會生出你中有我、我中有你的情意；情意一深，當關係經受挫折，人就會方寸大亂，會身心交煎，會生出無邊無際的悵惘。

是故愛得愈深，受傷的機會愈大。傷害的可能，內在於愛。

這裡的傷，非指惡意之傷、敵對之傷，而是指情感的失落，帶給個體無盡的遺憾。這種傷害最具體的感受，就是當對方離去時，你會覺得生命中最美好、最柔軟的那部份也給拿走了，遂感到生命不再完整，遂被無盡的虛空佔領。

讀者或會問：這是否過於悲觀？沒錯，每一段愛的關係，無論雙方怎麼努力，都會有失敗、心碎的可能，但在真實生活中，不是有許多圓滿的例子嗎？

聖修伯里當然不會否認這點，而且他也一定祈願所有愛的關係都能長久美滿。但他提醒我們，正由於馴服要求人用心投入全情去愛，人就會變得脆弱，就不得不承受生命中種種不確定所帶來的傷痛。

在各種不確定當中，最大的不確定，是生命本身。沒有人會知道，我們甚麼時候要遠行；但我們知道，我們終要遠行。離別既是必然，離別之苦自也是必然。

這樣的事情，每天發生在我們周圍，有天終也會降臨到我們及我們所愛的人身上。「此去經年，應是良辰好景虛設」——這份寂寥，是所有經歷過永別的人都會有的感受。

正是在此意義上，小王子和魯益師都看得清楚，如果不想受傷，最好就不要開始。沒有開始，就沒有其後因愛而生的種種痛楚。

這種想法是否很不理智？

不見得。許多跌過傷過的人會告訴你：早知如此，寧願不愛。

於是，我們又回到小王子的問題：我們最後會否一無所得？

小王子這樣問，很合乎我們平時的成本效益思維：既然要付出那麼大的代價，我們能夠得到甚麼？我們的所得大於所失嗎？

狐狸順著這個思路，給出一個回答：放心，我有所得，「因為麥子的顏色」。

這是甚麼意思？其中一個解釋是：我知道會受傷，但我依然會選擇愛，因為我最後會得到「麥子的顏色」所象徵的記憶。在此意義上，記憶是目的，馴服是手段，受傷是一早預知要付的成本。

這樣的理性計算，放在其他地方或許說得通，但用來解釋人為甚麼選擇去愛，卻顯得荒謬。我相信很少人會說：我之所以全心全意愛一個人，目的是想要得到那份愛的回憶。

不是這樣。回憶是愛過留下的美好，但我們的初衷是愛，而不是回憶。睿智如狐狸，不會那麼傻。

那麼，狐狸到底想對小王子說甚麼？

我想，狐狸是在說：「我的小王子啊，我們不是一無所得，所得就是我們彼此馴服過。你知道嗎？我不吃麵包，麥子對我毫無用處，我對麥田顏色更是一向沒有感覺，但這一切都因你的到來而改變。你走後，每當風吹麥田，麥穗起舞，麥子的顏色就會提醒我，曾經有個金黃色頭髮的王子，走進我的生命，和我有過美好的相遇，成為我此生無可替代的唯一。這就夠了。」

狐狸繼續說：「當然，人總是可以選擇不去愛。但沒有愛的人生，何足以言美好?!是的，你的永別，會令我受傷。但既然傷害內在於愛，我們就要學會好好接受它。在世間，沒有認真去愛卻又不要受傷這回事。沒有傷的愛，不是最好的愛，甚至不是真正的愛。」

嗯，就這樣——狐狸如是說。

第7章

我用心愛了，

也用心幫助我所愛的人學會去愛了，

也許，這樣就夠了。

是的，在我的愛裡，

有遺憾，有悵惘，也有眼淚。

大抵，這就是生命吧。

狐狸的心事

狐狸和小王子告別時，說了這樣一番話：「可是你不該忘記。你現在永遠都得對你馴服過的一切負責。你要對你的玫瑰負責……」這是狐狸最後的教導。說完，他們揮手道別，從此天各一方。

細心的讀者一定會問：既然如此，小王子為甚麼不須對狐狸負責？狐狸明明深愛小王子，明明捨不得他，為甚麼卻要主動將小王子推向玫瑰？不解開這個謎團，我們便難以明白狐狸的心事。要做到這點，我們需要一點想像力和同理心，嘗試走進狐狸的內心。

讀者應記得，狐狸初見小王子時，小王子剛剛遭逢一場大危機。他發覺，他的玫瑰原來並非世間獨有，而只是萬千玫瑰的其中一朵。他因此感到無比失落，自覺一無是處。狐狸這樣安慰小王子：

「如果你馴服我的話，我們就會彼此需要。你對我來說，就會是這世上的唯一。我對你來說，就會是這世上的唯一。」

狐狸在這裡，是在告訴小王子：請馴服我吧！如果你這樣做，我們就會彼此相愛，你就會不再孤單，我就會成為你的獨一無二。狐狸沒想到的，是小王子如此回應：

「我有點懂了。」小王子說，「有一朵花兒……我相信她馴服了我……」

這句話，意味著甚麼？意味著小王子的心，根本不在狐狸那裡。因為聽了狐狸的話，他第一時間想到的，是玫瑰，而不是任何別的事情。小王子開始明白，他如此在乎和掛念玫瑰，原來是因為玫瑰馴服了他。

狐狸難掩失望。這怪不得牠，因為牠並不知道小王子有過這樣的一段往事。照常理，狐狸應該知難而退，但牠實在太喜歡小王子，於是在寒暄一番後，忍不住又回到「馴服」的話題，並進一步向小王子表白：

「你看到那邊的麥田了嗎？我不吃麵包。麥子對我來說毫無用處。我對麥田無動於衷。好悲哀啊！可是你有金黃色的頭髮。一旦你馴服我後，這一切就會變得奇妙無比！麥子，金黃色的，就會讓我想起你。連風吹進麥田的聲音，我都會喜歡……」

這段感人肺腑的傾訴，可說是狐狸愛的宣言。懂事如小王子，即使是出於禮貌，大抵也該給出一點善意的回應吧。教人詫異的是，小王子一點反應也沒有。

他保持沉默。為甚麼呢？那很可能是因為小王子並不願意進入這樣的關係。狐狸很難堪，也很難過，但仍然不願放棄：

狐狸閉上嘴，看著小王子，看了好久：「拜託……馴服我吧！」他說。

去到此處，狐狸簡直是放下所有自尊，向小王子苦苦哀求了。讀者一定會想，小王子心腸再硬，也很難無動於衷吧。但他如此回應：

「我是很願意呀，」小王子回道，「可是我沒有很多時間。我還得去找朋友，而且還有好多東西要瞭解。」

明眼人都會見到，小王子口中說願意，心裡其實在推搪，於是找個藉口敷衍狐狸。他怎會沒有時間呢？他又可以去哪裡找朋友呢？

小王子這樣做，原因很簡單：他愛的是玫瑰，不是狐狸。小王子知道狐狸的心意，但他已心有所屬，再沒有位置安放這樣的關係。

狐狸明白小王子嗎？不可能不明白。

那怎麼辦？狐狸唯有收起愛意，不再強求，改為發出友誼的邀請：「如果你想要朋友的話，那就馴服我吧！」

這一次，小王子終於改變態度，並熱切地問：「我該怎麼辦呢？」

於是，小王子馴服狐狸，並成為好朋友。

如果以上的解讀合理，那麼小王子心裡其實分得很清楚——對狐狸，是友情；對玫瑰，是愛情。狐狸的啟蒙，讓他更瞭解他對玫瑰是怎樣的感情，因此更為加深他對玫瑰的思念。所以，在他們相處的日子，直到最後分手，小王子都沒有甚麼掙扎，不覺得有必要在玫瑰和狐狸中間作出抉擇，因為他從一開始就知道，他是要走的。

狐狸呢？牠較小王子矛盾得多。牠本來渴望的是愛情，可惜求之不得，最後只能成就一段友情。

狐狸遺憾嗎？很難沒有遺憾。但牠的閱歷和智慧，教牠明白愛情的事不可強求，遂將感情收在心底，沒有流露出甚麼哀傷怨懟。

但狐狸並沒有停止對小王子的愛，只是換了一種方式：牠希望盡牠的能力，幫助小王子學會愛，因而能夠更好地去愛他的玫瑰。因此在小王子離開之前，狐狸特別叮囑他：「你再去看看那些玫瑰吧。你會明白你那朵是世界上獨一無二的。」

為甚麼要這樣做呢？因為狐狸知道，小王子最初是在玫瑰園跌倒，牠希望小王子領悟到馴服的道理後，能夠再次面對五千朵玫瑰，從而重新肯定自己，也重新肯定他對他的玫瑰的感情。

狐狸又告訴小王子，「你花在你玫瑰身上的時間，才讓你的玫瑰變得這麼重要」；去到臨別一刻，狐狸仍然念念不忘地提醒小王子，「你要對你的玫瑰負責」。

由此可見，狐狸一直在為小王子著想，一直在教導他如何善待和珍惜玫瑰。狐狸沒有不平，沒有妒忌，甚至沒有要求任何回報。

至此，我們終於明白，狐狸為甚麼只叫小王子對玫瑰負責，而不對牠負責。這不是說狐狸沒有這樣的盼望，而是牠心裡清楚，小王子的心一直在玫瑰身上。

狐狸的愛，是怎樣的一種愛？

我們或可稱之為「無我之愛」。在這種愛裡，狐狸將自我放到最低、最不重要的位置，甚至忘掉自己，而只以所愛的人為念。

狐狸為甚麼願意這樣做？那自然是因為牠很在乎小王子，在乎到一個程度，願意代入小王子的生命，處處為他的幸福著想。

經歷過愛情的人，大抵會明白，這不是件容易的事。在平常人的愛情裡，總是希望愛可以有回報有結果，總是渴望能完整地擁有對方，也總盼望一段關係能夠恆久長遠。

小王子很明白這點。所以，當他們分手，狐狸由於太過不捨而眼淚忍不住要掉下來時，小王子說：「我一點都不想傷害你，可你偏偏要我馴服你。」這清楚表明，小王子其實知道狐狸很愛他，也知道最後會沒有結果，甚至知道狐狸終會因此而受傷。

這一切，聰慧如狐狸，當然也明白；明白，仍然選擇去愛，並以一種無我的方式去愛，最後用一句「我不是一無所得，因為麥子的顏色」來安慰自己，那多少說明在這段關係裡，狐狸對於甚麼是愛，有著很深的領悟。

這些領悟是甚麼呢？這問題不易答，但我願意試試。

第一重領悟，是狐狸開始明白，在世間，你愛人，別人不一定愛你。這麼淺顯的道理，還需要領悟嗎？需要的。如果你是站在第三者角度去旁觀世間的離離合合，或許很容易就會下結論說：愛，就本質而言，是偶然的、任意的、不確定的，因此誰也無法保證，你愛人，別人就一定愛你。

但如果你身在狐狸的位置，面對你最愛最在乎的人，認定對方就是你生命的唯一，並深信一旦錯過就會終生遺憾，那麼你不可能如此輕省，並用一種看似灑脱的態度説：沒關係啊，不愛就不愛，反正我的選擇多的是。

當你在愛慕之中，你是如此強烈地盼望，對方能夠如你愛他那樣愛你，同時你也會在心裡為對方找到千百種理由，説服他你就是最值得他愛的人。

所以，當你全心全意愛一個人，發覺對方並不愛你，經過一輪痛苦，最後能夠如其所是地接受這個事實，絕不容易。

所謂「如其所是」，是不自欺不欺人不抱怨不嫉妒，意識到所愛的人是獨立完整的個體，因此也能像你那樣，可以自由選擇所愛的對象。換言之，你是愛的主體，他也是愛的主體；你在選擇人，他也在選擇人。

你遂明白，在茫茫人海，相遇，並非非如此不可；相愛，是無數偶然中極難得的緣份。

一旦明白這點，狐狸遂知道強求沒有意義。沒有意義，不在於這樣做注定徒勞，而在於這不是對你所愛的人的尊重。你愛他，便須尊重他是獨立的主體，同時尊重他的選擇。

有人或會問：在愛情中，如此強調尊重，會不會理性大於感性，以至傷害人的情感維繫？

是的，愈親密的關係，人們愈希望達到水乳交融、人我不分的境界。這是人之常情。但這種對同一性的嚮往，其實是以個體的獨立和差異為前提。沒有個體，就沒有個體與個體的聯結。

所以，尊重你所愛的人的獨立人格，尊重他或她的選擇，在最深的意義上，內在於愛。

不過，如果狐狸的領悟只停於此，那麼當牠知道小王子和玫瑰的故事後，默默走開就是。但狐狸不僅沒有走開，而且還懇求小王子視牠如朋友那樣馴服牠，然後一心一意陪著小王子走過孤獨的日子，並一步一步引領他去認識愛的真義。在小王子面前，狐狸慢慢由愛慕者變成知己。

狐狸為甚麼會有這樣的轉變？

這關乎狐狸的第二重領悟。牠逐漸體會到，雖然不能得到小王子同等的愛，但這並不意味著牠因此便要放棄對小王子的感情。牠不再問對方能給自己帶來甚麼，而是問自己能為對方做些甚麼，從而令所愛的人活得更好。

是故當小王子完全成長，狐狸儘管萬般不捨，卻沒有挽留，而是鼓勵他回到他所愛的玫瑰身邊，完成他應盡而未盡的責任。

狐狸好像在告訴我們，只要看到所愛的人活得好，牠也就能在其中找到活著的意義。

小王子走後，在黃昏中，狐狸孑然一身，看著大風吹起金黃色的麥子，想必會不捨，會思念，但一定不會後悔。

狐狸或許會這樣告訴自己：我用心愛了，也用心幫助我所愛的人學會去愛了，也許，這樣就夠了。是的，在我的愛裡，有遺憾，有悵惘，也有眼淚。大抵，這就是生命吧。狐狸如是想。

「只有用心看才看得清楚。最重要的東西，眼睛是看不見的。」

狐狸說，這就是牠最大的秘密。

小王子啊，你能明白嗎?!

第8章

面對前面茫茫不可知的未來，

面對喪失生命和最後一無所得的危險，

為了玫瑰，小王子依然義無反顧地踏了出去……

這是何等悲壯，又是何等高貴！

愛的責任

小王子被毒蛇咬了之後，最後去了哪裡？

這是許多讀者至為關心的問題。對於這個問題，有兩種主流解讀，一悲一喜。悲者，是認為小王子其實選擇了自殺；喜者，是認為蛇真的擁有神秘力量將小王子送回B612和玫瑰重聚，兩口子從此在小星球過上幸福的生活。

這兩種解釋看來都有可能，因為聖修伯里故意在書中作出不同暗示，讓讀者產生各種聯想。但我認為，這兩者都不是最好的解讀，因為它們皆忽略了小王子作出這個艱難選擇背後的真正原因。

簡單來說，小王子這樣做，是要對玫瑰負責。因馴服而生的責任，是小王子孤注一擲地走上這條路的主要理由。

為甚麼「責任」對小王子如此重要？讓我們先看看小王子自己怎麼說。小王子在被蛇咬前的一刻，雖然很傷心、很害怕也很不捨，但仍然向飛機師吐露了最後的心聲：

「你知道……我的花兒……我對她有責任！她偏偏又是那麼弱不禁風！她偏偏又是那麼天真爛漫。她只有四根微不足道的刺，一點也不能保護她對抗外界……」

小王子在這裡交代得很清楚，他之所以這麼做，是因為有責任回去照顧玫瑰。當然，小王子無法確定中毒後，是走向生命的終結還是靈魂的飛升，但這是他離開地球唯一的方法，因為「路途太遙遠。我不能帶著這副軀殼走。太重了。」所以，只要有一線機會，他仍然願意冒死一試。

對玫瑰的責任，是小王子活著的主要動力。由此可見，自殺一說不能成立，因為自殺的後果是擺脱責任，而不是承擔責任。不管結果是甚麼，從動機上看，小王子都是真的希望蛇能夠幫他重返家園。

那麼，責任的意念從哪裡來？從狐狸而來。是狐狸告訴小王子，生命的價值必須建立在馴服的關係上，而馴服伴隨著責任：

「可是你不該忘記，你現在永遠都得對你馴服過的一切負責。你要對你的玫瑰負責……」

「我要對我的玫瑰負責……」小王子又重複了一遍，好牢記在心。

這是狐狸和小王子分手時，狐狸對他最後的教導。從這裡我們見到，「人需要對自己馴服過的負責」，是狐狸最為重視的道德原則。這不是可做可不做的個人選擇，而是具有道德約束力的要求：如果你馴服了對方，你就必須承擔起照顧的責任。

從那一刻起，責任意識進入小王子的生命，並直接影響他最後的決定。在小說的情節上，我們也見到清楚的前後呼應：狐狸告訴小王子要對玫瑰負責；小王子最後告訴飛機師，他會用行動來履行他的責任。

既然這樣，我們就有必要知道，在這個前後呼應中間，小王子經歷了怎樣的道德成長。這個問題重要，因為小王子的抉擇，不是被動地服從狐狸的教導，而是經過反思後所做的理性決定。很可惜，聖修伯里對此著墨不多。下面讓我們用同理心和想像力，嘗試理解小王子的考慮。

首先，責任是一個道德概念。當小王子充份意識到他的責任時，即意味著他已成長為完整的道德主體，能夠自主地作出道德判斷和道德行動，同時願意承擔這些判斷和行動帶來的後果。在此意義上，他是一個能對自己、對他人負責任的人。

我們大部份人其實都經歷過類似的道德成長，只不過沒有小王子那麼戲劇性而已。如果用當代哲學家羅爾斯(John Rawls)的説法，人的道德發展有三個主要階段：權威的道德、社群的道德和原則的道德。

在兒童時期，小孩會基於對父母的愛和信任，服從他們發出的道德指令；及後年紀稍長，人們進入各類社群，擁有不同身份，並願意服從這些社群根據不同角色而界定的各種規則，例如家庭、學校、教會等；最後，當人的道德能力發展成熟，他就會成為能夠做獨立的道德判斷、且願意服從道德原則的人。如果他不能善盡自己的責任，他的道德情感就會令他產生強烈的道德歉疚(moral guilt)。

有了以上背景，現在讓我們回到小王子的處境。

當他告別狐狸後，小王子必會夜夜仰望星空，時時記起狐狸最後的話，並再三自問：「我的玫瑰現在怎麼樣了？我當初不顧一切離她而去，是不是犯了大錯？我既然馴服了她，為何我又放棄了照顧她的責任？」

小王子不得不承認他錯了，而且錯得離譜。他終於意識到，他深深傷害了玫瑰。仰望夜空，想像玫瑰正在遙遠的故鄉孤獨無助地生活時，他一定會深深自責。

狐狸的道德啟蒙，將小王子推到一個他難以面對自己的處境：我不僅不是一個偉大的王子，而且有嚴重的道德缺失。

小王子在這裡，陷入他生命中的第三次危機。

第一次是初戀危機，結果以離開B612告終；第二次是遇到五千朵玫瑰後產生的身份認同危機，結果狐狸用「馴服」的理念來幫他化解。但當下小王子面對的，是他一手造成的道德危機。

要化解這場危機，唯一的方法，就是以行動贖回責任——回到玫瑰身邊，向她懺悔，並彌補之前的過失。

如果不是這樣，小王子就會終生活在歉疚和羞恥之中，而這將是對他最大的懲罰。

讀者或會說：不見得啊，還有另一條更輕省的出路。既然責任的重負令小王子如此痛苦，那他只須放棄做個有責任的人，從此忘記玫瑰，那他就可以永遠擺脱這些道德羈絆，不用再日日承受良心的責備。

這看似很吸引。難道不是嗎？嚴格來説，小王子的責任，是他自願接受的，狐狸強迫不了他，也沒有高高在上的權威在監督他，更不用擔心那些「人言可畏」式的道德譴責，而且這只是道德責任，就算放棄了，也不用擔心受到法律懲罰。

一邊是責任帶來的歉疚自責及難以言喻的相思之苦，另一邊是輕省地、沒有負擔地過活，小王子為甚麼不選擇後者？

這是一個「我為甚麼要道德？」（Why should I be moral?）的問題，千百年來困擾無數哲學家。問題是這樣的：如果道德不能給我帶來好處，有時候甚至要求我犧牲自己的利益，那麼我為甚麼還要道德？

放回小王子的處境，他需要理由說服自己：責任的約束力從哪裡來？為了承擔責任而付出巨大的個人代價，真的值得嗎？

問題實在有點困難。離開狐狸後，小王子不再有人生導師在他身邊，他需要自己想清楚，到底在乎甚麼和堅持甚麼。不過，在回答這個問題前，我們可以先退後一步想想：在書中，小王子為甚麼從來不被這個問題困擾，也從來不曾有「放棄責任」這個念頭？

問題的關鍵，在於小王子是個怎樣的人。如前所說，他是一個完整的、成熟的道德主體。這意味著，道德生活構成了他的人格。他的語言、他對自我的理解、他的情感和行動，以至他待人處事和日常生活的方式，都深受他相信的價值所影響。他在道德文化中成長，價值以潤物細無聲的方式走進他的生命。

大家稍為留意，當會見到「馴服」、「友愛」、「關懷」、「真誠」、「信任」、

「忠誠」、「尊重」、「善良」這些德性，都充份體現在小王子的人格和行為上。對小王子來說，道德不是一種外在的約束，不是一堆僵化的教條，而是他整個生命的底色。如果這些德性被拿走，小王子就不再是小王子。

清楚這一點，我們遂明白，為甚麼小王子從來不會問「負責任對我有甚麼好處？」這類問題，因為他壓根兒沒想過把自己當作自利主義者，也不是站在道德世界之外，要求一組自利的理由來決定自己該做甚麼。

如果有人真的這樣問他，他不僅覺得奇怪，甚至會感到被冒犯，因為這是對他的道德人格的不信任。

小王子真正念茲在茲的問題，不是要不要負責任，而是怎樣才能善盡自己的責任，怎樣才能活得真誠正直，怎樣才能好好馴服他在乎的人。

為了幫助我們將問題想得再清楚一點，試想像小王子換了想法，改為信奉以下的規條：「如果某個行動不能帶給我好處，我隨時可以放棄我的責任。」這樣一來，我們會發現，小王子將不再是原來那個完整的道德主體，而變成另一個人，因為他放棄了那些構成他的自我的道德關係。

為甚麼這樣說呢？

因為「責任」並非外在於道德關係，而是內在於其中。如果一個人全心全意投入到這些關係，他就會充份意識到這些責任，並產生相應的約束力。

換言之，如果一個人可以隨時放棄他的責任，他其實並沒有真正投入過一段關係，因為這就像一個人說「我是一個虔誠的教徒，但我可以隨時放棄我的信仰」一樣荒謬。

讓我多舉一兩個例子。如果你認真投入一段友誼，你不僅享受到友愛帶給你的快樂，同時也將意識到你對朋友負有特殊的責任，例如他有困難時，你有責任幫助他；他和別人發生衝突時，你不能出賣他；他向你傾訴時，你要為他保守秘密。如果你說：我不要這些責任，可以嗎？可以的，但你就不能再說他是你的好朋友。

另一個例子是師生關係。如果我要做一個好老師，我就有責任好好教書，有責任關心學生的成長，也有責任在學生有需要時，給予他們足夠的理解和支持。這些道德責任，同樣內在於師生關係。

以上討論告訴我們：馴服和責任，並非本質上互不相干的兩樣東西。相反，責任伴隨馴服而來，並內在於馴服的關係。只要你用心去愛，用心去和你愛的對象建立聯繫，你就自然生出相應的責任，因而也就願意接受責任的約束。

這些一重一重的責任，構成人的自我，為我們的生活賦予意義，並決定我們的行動。

當然，經過反思之後，我們可以提出理由，批評某些我們不認同的關係，甚至退出這些關係。作為自由自主的個體，我們不是無可選擇地被捆綁於某種特定的角色或特定的關係，並且永遠不能改變。但在這種情況下，我們是基於道德理由而去拒絕某種特定的責任，而不是放棄道德本身。

討論至此，我們當明白，如果小王子放棄他的責任，也就等於放棄馴服；放棄馴服，他就不再是他如此珍惜、如此在乎的自己，他的生命將一無所是。所以，對小王子來說，「放棄責任」根本不是一個選項。

我們也當明白，小王子選擇回去，不僅出於對玫瑰的愛，也是要通過履行責任，重新找回自己的尊嚴。

他在乎玫瑰，也在乎自己；他既教人心疼，也教人敬重。

小王子心裡明白，毒蛇咬了他以後，他的身體會很快消失。但人死後會有靈魂嗎？他不知道。就算有靈魂，靈魂有能力回到B612嗎？他不知道。就算能回去，他那脆弱的玫瑰還在嗎？他也不知道。

面對前面茫茫不可知的未來，面對喪失生命和最後一無所得的危險，為了玫瑰，小王子依然義無反顧地踏了出去……

這是何等悲壯，又是何等高貴！

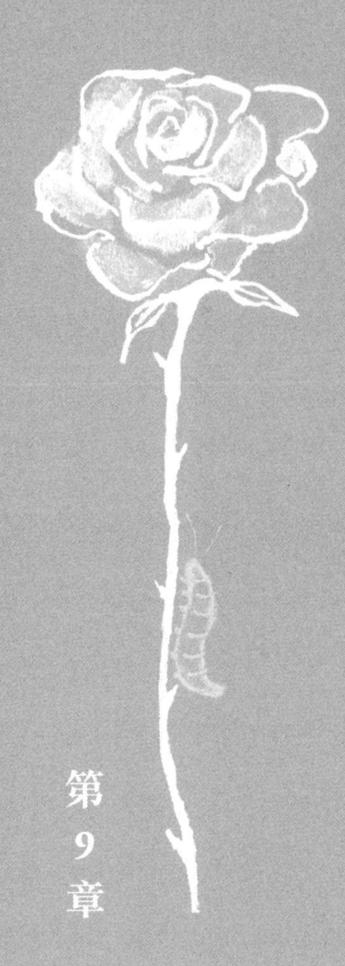

第9章

沒有人生下來就該是別人的附庸，
又或為了滿足他人期望
而活著不是自己由衷認可的人生。
玫瑰活得好不好，
必須從她自己生命的觀點來看。

玫瑰的自主

小王子離開玫瑰後，玫瑰怎麼辦？

這是所有讀者都關心的問題。

聖修伯里沒有告訴我們答案。但根據書中描述，情況似乎並不樂觀：沒有了小王子的照顧，玫瑰很可能就會在傷心無助中枯萎，然後死去。

首先，是那些可怕的猴麵包樹（見《小王子》第五章）。這些樹長得很快，而且身軀龐大，如果不在幼苗時將它們連根拔掉，不用多久，它們就會「盤據整個行星，樹根會刺穿行星。而且，要是行星太小，猴麵包樹又太多，它們就會害行星爆炸的。」小王子走後，再沒有人天天打理B612，這個災難似乎難以避免。

小王子其實很清楚這點，所以他在沙漠中遇到飛機師時，第一件事就是懇求飛機師為他畫一隻綿羊，因為綿羊可以吃掉猴麵包樹的樹苗，從而保護玫瑰。但這已經太遲，因為當小王子意識到這點時，他已離開小行星整整一年。

更糟糕的是，聖修伯里筆下的玫瑰，是個嬌氣、柔弱和十分依賴的人（這裡讓我們假定，玫瑰是女性的象徵）。打從來到這個世界開始，玫瑰就已習慣小王子無微不至地照顧她：幫她澆水，為她除蟲，替她用屏風擋風，晚上還要將她放進罩子保暖。可以想像，這樣的玫瑰沒有了小王子，肯定感到極度徬徨孤獨，不知道如何生存下去。

事實上，這也是小王子的擔憂。他離開小行星後，開始意識到他的不顧而去會對玫瑰帶來極大傷害，因而感到十分歉疚，乃至去到最後終於決定，無論如何也要回到玫瑰身邊，一盡照顧她的責任。而這，亦正是他選擇被毒蛇咬的主因。

這就是玫瑰的命運嗎？為甚麼小王子、以至我們這些關心玫瑰的讀者，都認定玫瑰只能有這樣一種結局？

原因很簡單：因為玫瑰是弱者——又或者準確一點說，我們認定玫瑰是弱者。細心的讀者當會留意到，書中的小王子和玫瑰，其實有些頗為清楚的性別定型：小王子堅強、主動、獨立、照顧人、追求智慧，而玫瑰柔弱、被動、依賴、等人照顧、既虛榮又愛美。

這些定型是誰賦予的？當然是作者聖修伯里，同時也是我們這些讀者。我們這樣看玫瑰，因此玫瑰就有了這樣的命運。

我們生活在文化之中，很容易就會自覺或不自覺地接受某種男性應該怎樣和女性理當如何的角色定型，並用這種定型來理解自身和評斷別人，然後共同加強和鞏固這種看待性別的方式，再套用到每個特定的男人和女人身上。

性別定型不是某個人的主觀喜好，而是社會通過各種複雜運作，例如制度設置、學校教育和大眾傳播，逐漸形成的某種想像，然後通過這種想像產生出來的某種集體規範。規範帶來的約束力，往往不是通過強制，而是利用各種精妙的潛移默化，令個體在生活中自然地、不加抗拒地甚至不加反思地接受和迎合這種性別觀的要求。

「生為男人，就該這樣」，又或「既為女生，自當如此」，是最為常見的表達形式。例如，男子漢就該志在四方，所以小王子的出走是理應如此；至於女子，則應乖乖在家相夫教子，不要有在外面的世界和男人爭一片天空的非分之想。

這些說法聰明之處，是將本來明明是特定社會加諸於人的特定的性別想像，說成是人的普遍本質，因此具有某種不證自明的權威。如果你不服從，就是錯的，就該受到四面八方的壓力。這些壓力，來自你的家人、朋友、公司、媒體和無處不在的世俗眼光。

因此，如果玫瑰接受了那種生為女人便應如此的定型，並認定自己一生就該是個弱者，那麼在小王子離開以後，她很可能就只能終日以淚洗臉，又或每天對著落日無望地等，並說服自己這是她身為女子唯一可做之事。

玫瑰，其實有另一種活著的可能。

為甚麼呢？因為小王子的告別，可以是個難得的機會，讓玫瑰學會獨立生活。這不是我的胡亂猜測。讀者或會記得書中第九章，當玫瑰知道小王子要走時，雖然傷心不捨，但卻沒有驚惶失措，也沒有哀求小王子留下來，而是說了以下一番話：

「你要快快樂樂的……別管這個罩子，我再也用不著了。」

「可是風……」

「我感冒沒這麼嚴重……夜裡的涼風對我才有好處。我是一朵花兒啊。」

「可是蟲子野獸……」

「我想跟蝴蝶交往，就得忍受兩三條毛毛蟲。據説蝴蝶好美好美。否則誰來探訪我呢？到時候你，你啊，已經遠在天邊。至於大型野獸嘛，我一點都不怕。我也有鋒利的爪子呢。」

這是玫瑰和小王子最後的對話，裡面暗藏了玫瑰對小王子最大的不捨和最深的愛。她這樣説，既是出於保護自己的自尊，也是想小王子走得安心，不要有太多的歉疚。但這裡，我們也可以有另一種解讀，就是玫瑰的確遠較小王子想像的要堅強。她的堅強，平時不表露出來，但到了離別一刻，她很想小王子知道，她是有能力照顧自己的。

玫瑰説，她不怕風，不怕蟲，甚至不怕野獸。玫瑰當然知道，這些對她來説都是很大的挑戰，但她有信心，即使小王子不在，她也能慢慢學會好好應對。

玫瑰是了不起的。在此之前，玫瑰給人的印象，是弱不禁風和完全依賴的，以至於讀者會認為，離開了小王子，玫瑰根本沒辦法活下去。然而，出乎小王子和讀者的意料，玫瑰在她的人生最艱難的時刻，不僅沒有要求小王子為她留下任何東西，甚至連原來的保護罩也不再需要。

玫瑰在這裡，表現出一種此前不曾有過的獨立精神。她不僅在告訴小王子，同時也告訴自己：從今以後，我不會再依賴任何人，我要走自己的路。

更值得留意的是，從這段話我們可見到，玫瑰開始意識到，小王子其實不是她生命中的唯一，她還可以有其他追求，例如和蝴蝶做朋友，因為據説蝴蝶很美，而玫瑰喜歡美的東西。

如果這不是玫瑰故意説來氣小王子又或維護自己尊嚴的話，那麼這意味著三點。

第一，小王子不再是玫瑰的人生座標，她不會再用小王子是否喜歡來決定自己要做甚麼。她開始懂得問：我喜歡甚麼？

第二，她開始有獨立於小王子的欲望，並勇於承認自己的欲望，同時能提出理由來為自己的欲望辯護。

第三，她不再被動地等著別人來愛，而是敢於去追求自己所愛，即使為此付出代價也願意承受。

如果這種解讀合理，那麼在和小王子分手的剎那，玫瑰成了一個自主的人。自主的人，在身體上和精神上，都不依賴和屈從於別人，有能力和有信心去規劃和追求自己的人生，並在各種問題上為自己作出決定，且承擔起相應的責任。

自主的人，是自己人生的作者。

在此點上，小王子在分手當下及其後，似乎對玫瑰都沒有足夠的理解。這種不理解，並非因為小王子不愛玫瑰，而是因為他仍然停留在原來的性別框架去看待玫瑰。他也許始終覺得，玫瑰既是女子，自然應該被人照顧，又或留在原點等他，而不可能有自己自主的生活。聰慧如小王子，也有他的限制。

看到這裡，有讀者或會抱怨：小王子和玫瑰這麼浪漫的愛情故事，都給你這種解讀破壞殆盡了。在這些讀者眼中，玫瑰就該從一而終地等著小王子回來；即使小王子不回來，玫瑰也該一直等下去，直到老死。只有這樣，才是真正偉大的堅貞的動人的愛情。

問題是——這是誰的愛情呢？

玫瑰的生命是玫瑰的，是她一天一天活出自己人生的模樣，一點一滴體會箇中的悲喜哀樂，有誰能夠以愛情之名，剝奪玫瑰追求屬於自己幸福的權利？沒有！作為獨立自主的個體，沒有人生下來就該是別人的附庸，又或為了滿足他人期望而活著不是自己由衷認可的人生。

玫瑰活得好不好，必須從她自己生命的觀點來看。

如果小王子可以有自己的夢想，玫瑰同樣可以有自己的夢想；如果小王子可以四處遊歷結交新的朋友，玫瑰同樣可以自由探索結交新的朋友。如果有人說，僅僅因為小王子是男性而玫瑰是女性，所以就應該得到截然不同的對待以及承受不同眼光的審視，那麼我會說，這是性別歧視。

有心的讀者或會問：玫瑰的轉變，到底如何產生？這會否過於戲劇性了一點？

表面上看，這純粹是由於小王子的離開而迫使玫瑰不得不作出的倉卒應對。如果小王子不走，也許玫瑰就會一直安於做原來的自己，不會對生活有任何質疑。

這是很正常的猜想。但我們要知道，小王子的離開，最多也只是促成玫瑰轉變的必要條件之一。原因很簡單：如果沒有自身的覺悟，即使小王子走了，玫瑰恐怕仍然會受到原來那種性別定型的支配。

覺悟是怎麼來的呢？這個問題很重要，可惜聖修伯里沒有討論。

試想想，既然男人是人，女人也是人，那麼兩性理應受到公平對待，現實卻是即使去到今天，在大部份社會，女性仍然受到形形色色的歧視和壓迫。造成歧視和壓迫的一個主因，正是社會加諸於女性身上的種種不合理角色。如果玫瑰們對於這些角色沒有足夠反思，便很難從這些根深蒂固的約束中解放出來，繼而看到女性自主的可能。

換言之，玫瑰的轉變，如果放在真實世界，其實不可能偶然產生，而必然是玫瑰對自我和社會有過充份反思後而有的重要覺悟。這是一種道德覺悟，因為她必須基於某些道德價值而對當下的生活作出深刻自省，然後在此基礎上走出原來的世界。

我認為，在這些價值中，最重要的是玫瑰覺悟到兩性平等以及個人自主的重要。這種覺悟，是從父權社會走向性別平等和女性解放的重要一步。

小王子走後，玫瑰怎麼辦？——這是我們最初的問題。

我們或許可以放心，因為玫瑰能夠活得比我們想像的好。她會更獨立、更自信、更能經歷風雨，甚至還會認識新的朋友，建立新的關係。

那些猴麵包樹呢？我相信聰明如玫瑰，一定會想到方法應付，好好保護她的小星球。不過，退一步去想，最後即使真的沒辦法，我們也不必特別哀傷，大自然有它的規律；花開有時，花落有時，最重要是玫瑰用心活出了屬於自己獨一無二的花季。

玫瑰沒有辜負小王子，更加沒有辜負自己。她沒有機會遇到狐狸，不曾知道馴服的概念，但她同樣可以用她的生命，活出馴服的意義。

第10章

如果我們習慣於視人為工具，
麻木於用錢來計算一切，
我們就會慢慢關起友情的門：
不是沒有可結交之人，
而是我們不讓友誼走進自己的生命。

錢，為甚麼買不到朋友

在《小王子》第二十一章，狐狸對小王子說了以下一番話：

「人類再也沒時間瞭解任何東西了。他們都到商人那邊去買現成的。可是由於販賣朋友的商人根本就不存在，所以人類就再也沒有朋友了。如果你想要朋友的話，那就馴服我吧！」

聖修伯里在這裡告訴我們，人類已活在一個高度商品化的社會，許多事物都已在市場變成有價商品，供人們直接用錢購買。但「友誼」擁有某些特質，使得它難以變為商品在市場出售。那些想用錢購買友誼的人，結果只會一無所獲。

那怎麼辦？作者通過狐狸告訴我們，要有真正的友誼，就必須放棄商品邏輯，花時間瞭解你在乎的人，並用心馴服對方。

這裡帶出一個看似平常卻不易回答的問題：錢，為甚麼買不到朋友？

小王子對此或許不感興趣，因為他的小星球只有他一個人，根本不需要用錢來和別人做交易。但在地球，這卻是個大問題，因為我們活在一個商品社會，大部份物品都有一個市場價格，想要擁有這些物品，就必須要有錢。

甚麼是商品呢？

商品是市場上供出售的物品和服務。它有幾個特點。第一，它是有價的，價格高低視乎市場供求，而非其本身的內在價值；第二，它是隨時可轉讓的，標準是價高者得，誰有錢，誰就有權擁有；第三，它是工具性的，目的是滿足消費者的需要和欲望，因此也就隨時可棄——一旦擁有者

不再需要它，又或找到更好的替代品時；第四，它是冷冰冰的，流動方向純粹由價格決定，毫不牽涉人的情感。

在市場中競逐商品的人，主要動機是為了幫自己謀求最大的利益，因此人與人的關係，也是工具性和策略性的：有用則合，無用則分。在這樣的商品關係裡，個體很容易變成所謂的「經濟人」——自利、計算、防範，習慣以金錢來衡量事物的價值及作為行為的標準。

甚麼是友誼呢？

友誼是人與人之間自願建立的親近關係。當一個人和另一個人成為好朋友，他們就會彼此關心、互相扶持，甚至在有需要時，願意犧牲個人利益去幫助對方。

最好的朋友，是在你最為困頓潦倒時，仍然在你身邊的人。好朋友之間還會有極深的信任，可以互相傾訴秘密，而不用擔心被人出賣，也可以在危難時將最重要的事情交託對方，且深信對方一定會努力辦好。

在友誼裡面，我們無保留地向對方敞開，卻又不要求擁有對方，並尊重彼此的獨立人格。當然，朋友還願意投入時間去經營彼此的關係，共同經歷生命的悲喜起伏。這些一起走過的路留下的印記，使得每段友誼都獨一無二且不可取代。

經過上述分析，我們應能明白，為甚麼狐狸說販賣朋友的商人根本不存在，因為友誼不可能是商品。

試想想，如果有一天有人對你說：「來買我吧，只要你出個好價錢，我就可以做你的好朋友，提供你需要的『友誼』給你。」你一定會覺得很荒謬，甚至很生氣。

問題不在於這個人是否值這個價，也不在於你是否有能力付得起這個錢，而是你清楚知道，朋友是不能用錢來衡量的，用錢買來的「友誼」不是真正的友誼。

所以，如果你的好朋友對你說，他之所以多年來待你如此的好，全是因

為你有錢，而不是因為彼此肝膽相照，你一定會覺得很受侮辱，甚至馬上與他絕交。

討論至此，我們終於見到狐狸的洞見——世間並非所有活動都可以任意轉換為商品。如果我們硬要那樣做，那些活動本來的意義就會被破壞，我們也會因此失去通過這些活動來實現美好價值的機會。友誼徹底變成商品之日，也就是人類失去友誼之時。

這是危言聳聽嗎？

並不盡然。我想我們都同意，友誼對每個人都非常重要。沒有朋友的生活，乾涸、孤獨、無趣。但在一個高度商品化的社會，我們將很難找到真正的友誼，一來是許多人誤以為真的可以用錢來買朋友，結果自然是水中撈月，徒勞無功；二來是就算見到兩者之別，但由於長期處於功利計算和劇烈競爭的商業環境，個體也會逐漸失去發展友誼的動機和能力。

建立友情，不僅需要時間，還需要用心。

如果我們習慣於視人為工具，麻木於用錢來計算一切，我們就會慢慢關起友情的門：不是沒有可結交之人，而是我們不讓友誼走進自己的生命。

依此類推，當婚姻成為商品，愛情就會變質，因為人們愛的其實是錢而不是人；當教育成為商品，教育就不再是為了追求真理和完善人格，而變為一種經濟投資，講求的是成本和回報；當土地成為商品，人們就會只見到樓價，卻見不到土地與人的情感依存；當醫療成為商品，醫生的天職就會很易由救急扶危變成賺錢至上。

活在今天的社會，我們每個人都不難具體而微地感受到，社會愈來愈多領域正在慢慢被商品邏輯入侵，並令這些領域本來的意義變質，因而改變我們的情感、價值和倫理關係。

如果我們無法阻止生活世界被商品邏輯壟斷，無法確保不同領域享有相

對獨立自主的意義，那麼活在其中的個體，即使內心清楚某些活動的價值，他的選擇也將非常有限，因為賦予這些活動意義的社會基礎已被掏空。

舉例說，即使你願意用心去愛，但當社會根本不承認愛的意義，或乾脆視愛為一種商品時，你的愛也將無處著落。在那一刻，你或會意識到，商品社會看似多元，背後卻往往有著異常單一的「金錢霸權」。

這裡所謂的霸權，不是說別人有錢而你沒錢，而是即使你有錢，你也很難再找到那些曾經存在的、未被商品化的生活方式，及其所承載的價值和情感。如果你不願屈服，你就必須在人群中承受異鄉人一樣的孤獨。

孤獨，是因為你所追求的價值以及你想過的生活，不能在市場中轉化成「有價」之物，於是不得不在生活世界漸漸式微，以至消失。你遂心無所寄。

由此可見，錢能夠買甚麼、不能夠買甚麼，不僅僅是個人選擇的問題，更是結構性的制度問題。

商品化並非某個領域的個別現象，而是資本主義高度發展的必然結果。

資本不斷累積並尋求利潤極大化的邏輯，是商品化的最大動力。這股力量會一步一步改變我們的社會關係，影響我們看世界看自我的方式，並因此改變我們的生活。

最明顯的例子，是我們如何看待自己的身體。

在商品化社會，我們不僅早已習慣人的勞動力乃完全可出賣之物，也接受男女性愛可以是一種交易，甚至器官轉讓和代母產子，也漸漸成為有龐大市場需求的生意。在這種身體商品化急劇轉變的過程中，我們失去甚麼以及需要為此付上多大代價，值得我們認真對待。

出路在哪裡？就算有，我們是否願意放棄商品化過程帶來的自由、效率和各種各樣的利益？

作為個體，面對無堅不摧的金錢邏輯對不同生活領域的「殖民」，我們又是否有勇氣在日常中「挺直腰板」，向金錢至上的體制說不，並捍衛生而為人的尊嚴？

這些問題也許不會困擾小王子，卻是現代地球人無法迴避的存在之問。

在思考如何應對的時候，有兩點特別值得留意。

第一，我們必須意識到問題的癥結。人們如此輕易地接受金錢可以購買一切，相當程度上是由於我們缺乏足夠的道德資源，對市場化和商品化給人類福祉帶來的影響，作出深入的理解和深刻的批判，因此也就談不上團結起來抗衡，結果往往是在市場邏輯橫掃不同領域後，我們才哀嘆為時已晚。一個社會道德反思的廣度和深度，一個文化對美好生活和理想政治的想像力，會直接影響活在其中的個體的思想和行動。

第二，我們必須意識到，要改變目前的狀態，就一定得從制度層面著手，因為商品化對不同生活領域的入侵和宰制，本身就是制度容許甚至鼓勵的結果。性交易應否合法化，身體器官能否自由交易，跨國代母產子可否被容許，最後都須由法律來界定和執行。

換言之，如果我們不謀求改革制度，而只將問題歸咎於個人選擇，不僅於事無補，甚至會模糊焦點，令我們看不到問題所在。

最後，讓我和大家分享一段話：

「如果我們假定人就是人，以及人與世界的關係合乎人性，那麼你就只能以愛交換愛，以信任交換信任。」

也就是說，如果我們非要以金錢來交換愛和信任，我們終將失去我們的人性。

這是誰說的？馬克思，《1844年經濟學哲學手稿》。

第 11 章

如果我們願意誠實點面對自己，
我們或許會發覺，
我們多少也是小王子眼中
「這些奇怪的大人」。
為甚麼奇怪呢？
因為大人都將生命虛耗在一些不重要的事情上。

孤獨的現代人

小王子離開他的B612後，第一件事就是造訪不同的星球，希望認識新的朋友。在旅途中，他遇到國王、愛虛榮的人、生意人、酒鬼、點燈人和地理學家。

這些都可說是現代人的縮影。

很可惜，小王子很快便和他們告別，沒有一個能做得成朋友。為甚麼會這樣呢？因為他們和小王子不是同一類人，彼此的世界觀很不一樣。在小王子眼中，這些大人都很奇怪。

聖修伯里為甚麼要花那麼多篇幅，安排小王子和這些大人見面，最後卻又分道揚鑣？我對此一直很困惑。讀久以後，我漸漸明白，聖修伯里對這些大人，其實有很深的憐憫——因為他們都很孤獨，卻又不懂得如何面對。孤獨，不僅是指形軀上，更是指心靈上。孤獨的人的世界是封閉的，自己走不出去，也不讓別人進來，遂失去人與人之間的聯結。所以，當小王子去拜訪他們，他們彼此沒有任何真正的生命交流，也無從發展出任何友誼。

孤獨，既是他們的生存狀態，也是他們所代表的現代人的處境。

不僅這些大人孤獨，小王子也很孤獨，因為他找不到人願意和他做朋友。所以來到地球後遇到蛇，他首次發出這樣的感慨：

「人都上哪去了？」小王子終於又開口了，「在沙漠裡，還真的有點孤獨……」

「就是到了有人的地方，也一樣孤獨。」蛇說。

小王子告別蛇以後，繼續努力尋找朋友，但卻依然一無所獲。最後，他去到一座高山，攀上山巔，以為可以一眼見到地球上所有人，誰知甚麼人也見不到，於是出現以下一段寓意深遠且教人惆悵的自白：

「你好。」他還是道了聲好，搞不好有人呢。

「你好……你好……你好……」回音回道。

「你是誰？」小王子問。

「你是誰……你是誰……你是誰……」回音回道。

「當我的朋友吧，我好孤獨。」小王子說。

「我好孤獨……我好孤獨……我好孤獨……」回音回道。

由此可見，在離開玫瑰到遇見狐狸之前這段日子，小王子活得極為孤獨。他和狐狸的相遇，是全書的轉捩點，因為狐狸教曉他「馴服」的道理，從而幫助他走出孤獨。

而我們知道，馴服作為全書最重要的概念，其基本意思就是建立聯繫，即將本來不相識的人聯結起來。

在概念上，馴服是孤獨的對立面。

為甚麼現代人活得那麼孤獨？現代人有走出孤獨的可能嗎？這是聖修伯里最深切的關懷，也是全書的主題。

許多讀者或許以為，《小王子》是一本和現實無關的童話故事，其實並非如此。小王子在路上遇到的大人，是現實世界的眾生相。作者希望通過小王子的眼睛，讓人們看到自己生存的某種不那麼愉快但卻極為真實的狀態，從而學會用心去認識甚麼是生命中的重要之事。

要理解問題所在，我們就有必要瞭解，到底是甚麼原因，使得大人們陷入難以自拔的孤獨之境。聖修伯里在這裡有很細微的觀察。

小王子第一位遇上的，是國王。

這位國王最大的欲望，也是生命唯一的樂趣，就是運用權力去支配別人，並要求所有人聽命於他。荒謬的是，這位國王根本沒有子民，一個也沒有。「沒有子民的國王」是個甚麼概念？是個空的概念。

他想像自己擁有無邊的權力，其實一無所有；他以為自己十分威風，其實一無所是。

我們平時常說：有多於一個人的地方，就有政治；有政治的地方，就有權力。但在只有自己一個人的小行星，根本不存在所謂的「政治問題」，為甚麼還會有人如此迷戀權力？

作者在這裡是想說：迷戀權力，渴望支配別人，並通過支配來肯定自己，是深潛於人心的欲望。這種欲望去到一個極端，就算你不是國王，也可以想像自己就是；就算你沒有子民，也可以想像宇宙萬物皆聽命於你。

這樣的人，有甚麼問題？在我們的世界，以追求權力為人生目標的人，不是多得很嗎？

我想，別的不說，這樣的人注定活得孤獨，因為在他的世界，人是分等級的，而他自己必須居於等級的頂層，別人則是滿足自己欲望的工具；他的眼睛永遠無法平視別人，既看不到別人的需要，也不懂得欣賞別人的長處；更大的問題是，這個人的內心必然恆常充滿失去權力的恐懼，當地位受到挑戰，就會生出各種各樣對人的猜疑和敵意。

試想想，這樣的人，誰會願意和他做朋友？這樣的人，即使真的給了他無上的權力，他又如何有能力去愛人？

離開國王的星球後，小王子在第二個行星遇到的，是個愛虛榮的人。

對愛虛榮的人來說，所有人都是他的仰慕者，都需要奉承他讚美他，而他也會通過要求別人「承認我是全行星最英俊、穿得最體面、最富有、最聰明的人」來肯定自己。但是這個行星只有他一個人，而且之前從來沒有人來過。和國王一樣，這位愛虛榮的人，只是活在自己想像的世界。人有一定的虛榮心，其實再正常不過；人希望得到別人的奉承，也沒甚麼大不了，我們每個人，或多或少都會這樣。但如果這就是一個人生命的全部，這個人就是空洞的，因為他無法自我肯定，只能永遠活在別人違心的讚美裡。

但正如小王子所説，誰願意不斷玩這種單向的、沒有意義的「單調的把戲」呢？在真正的友誼裡，人們期待的，是彼此交流誠懇相待，是互相砥礪共同進步，而不是一場永遠以自我為中心的遊戲。

最後，讓我們多看一位，那就是第四顆行星上的生意人。

生意人有甚麼特質呢？精於計算，耽於擁有。這位生意人十分忙碌，每天都在不斷數算自己擁有多少財富。對他來説，數字高於一切，擁有便等於價值；至於被擁有之物對他有甚麼用處，他和它們之間是怎樣的一種關係，他卻完全不在意。

他唯一在意的，是銀行賬戶裡面的數字。

小王子告訴商人，這樣的「擁有觀」很不妥當，我們其實可以從另一種「擁有觀」看世界：

「我啊，要是我擁有一條圍巾，我會把它繞在脖子上，圍著它到處走。我啊，要是我擁有一朵花兒，我就可以摘下我的花兒，走到哪都帶著她。可是你又不能摘下星星！」

「我擁有一朵花兒，我每天都幫她澆水。我擁有三座火山，我每個禮拜都幫它們疏通，我連其中那座死火山也疏通。」

分別在哪裡呢？

小王子說得清楚：你擁有一樣東西，就要好好善用它，欣賞它，發揮

它的長處，讓它照亮你的生活。否則，就算給你擁有整個宇宙的五億多顆星星，所謂的富有，也是毫無意義。

與此同時，你擁有一樣東西，就有責任好好照顧它。圍巾能夠為你取暖，是故你要好好珍惜它和愛護它；花兒可以燦爛你的生活，是故你要好好幫助它健康成長。

這樣的擁有，是一種對等的、互惠的、彼此尊重的、用心關顧的關係，而不是純粹只取不予的利用。生意人從來沒想過，原來生命可以有這樣的一種「擁有」。

結果呢？就是他的生活窮得只剩下錢。

迷戀權力、妄求虛榮、追逐金錢，相當程度上是現代人生活的寫照。如果我們願意誠實點面對自己，我們或許會發覺，我們多少也是小王子眼中「這些奇怪的大人」。為甚麼奇怪呢？因為大人都將生命虛耗在一些不重要的事情上。

如此虛耗，人會活得怎樣？這樣的話，人只能孤零零地活在自己的世界。小王子在不同星球遇到的每一個人，都是孤獨的。他們以為自己擁有權力，享有讚美，佔有財富，但這一切都是虛無，因為他們的世界沒有別人。這裡的「沒有」，既是實指這些星球只有他們一人，也是意指他們精神世界的寂寞荒涼。

人是否孤獨，並不在於你身邊有多少人，而在於你怎樣生活。即使活在熱鬧都市，你的世界熙來攘往，你也一樣可以心如孤島。

為甚麼現代人會這麼孤獨？難道前現代的人，就不嚮往權力名利嗎？

聖修伯里不是社會學家，但他一定深切體會到，在高度商品化、理性化和原子化的現代消費社會，個體愈來愈難和人建立內在的、親近的、非工具性的聯繫。所以他說：

「人類再也沒時間瞭解任何東西了。他們都到商人那邊去買現成的。可是由於販賣朋友的商人根本就不存在，所以人類就再也沒有朋友了。」

也就是說，孤獨的狀態不是個別現象，而是現代社會的產物。

也許，在前現代社會，人們也需要金錢，但卻不會無止境、無限制地累積財富，並將之視為人生唯一的、最高的目標。也許，人們也需要點燈人，但卻不會分工細密到一個程度，將一個人的一生用「職責」來定義，並以為那就是生命的全部意義。也許，也會有酒鬼，但卻不會像今天那樣，產生那麼多由於失意、無助、絕望而靠酒精麻醉自己的城市人。

正是在這樣的脈絡下，我們看到《小王子》是一部具有濃厚存在主義色彩的哲學寓言，因為它對現代人的生存狀態有很深的關切。

出路在哪裡？

出路在馴服。只有用心建立各種馴服關係，並在這些關係中找到愛和責任，人類才有機會走出孤獨的泥淖——聖修伯里如是想。

問題是，我們願意聆聽這樣的教導嗎？即使我們願意，我們有能力突破現代社會的困局，去培養出馴服的能力和情感嗎？

再想深一層，如果我們意識到問題所在，我們又該如何改革目前的制度和文化，從而令每個個體能夠在一個良好而公正的環境中，恢復人的「社會性」(sociability)，活出一種彼此聯結的社群生活？

這是我們每個現代人必須面對的存在之問。

第12章

沒有選擇的自由，
我們就失去人的自主性；
我們好像在為別人而活，
而不是為自己而活；
我們遂不再是
自己人生的作者。

選擇

我們在生活中，每時每刻都在做選擇。

從活在哪個國家，相信甚麼宗教，支持哪個政黨，從事甚麼職業，認識甚麼朋友，到報讀哪所學校，今年去哪裡旅行，以至於這個星期讀甚麼書和看哪部電影，我們都需要選擇。

這些選擇，或大或小，或易或難，在相當大的程度上，決定了我們成為怎樣的人，以及活出怎樣的人生。

我們通過選擇，成為自己生命的作者。

小王子在他的人生裡，做了三次重要的選擇。

第一次，是決定告別玫瑰，離開他的B612，遠走他方；第二次，是答應狐狸的請求，開始一段馴服關係；第三次，是主動被毒蛇咬，希望藉此回去和玫瑰重聚。

小王子所做的每個決定，都從根本上改變了他的人生。我們甚至可以說，如果小王子不是做了這些選擇，他就不是我們所認識的小王子。

既然我們每天都在做選擇，同時選擇的結果對我們影響深遠，我們就有必要後退一步，思考更為基本的問題：「選擇」這個行動本身，預設了甚麼條件？為甚麼現代人如此根深蒂固地相信，每個人都應該有選擇生活的權利？

這組問題看似有點抽象，但隨著討論展開，我們將見到，這些思考能令我們對小王子有更深入的認識，同時也能幫助我們更好地瞭解自己。更重要的是，只有明白選擇的內涵和價值，我們才能體會自由的可貴，也才願意在不自由的環境下努力爭取自由。

讓我們從生活經驗出發，一步一步看看我們平時做選擇時，是怎樣的一種狀態。

最直接而又最沒爭議的應該是：選擇的狀態，是一種不受強制的、自願的狀態。如果有人拿著槍指著你說，你必須選某個人做領袖，又或一定不能投票給某人，我們不會稱之為「選擇」。真正的選擇，選擇者必須要有說「不」的自由。他必須能夠免受外力的威嚇，去做自己想做的決定。

在此意義上，選擇和自由緊密相連——沒有信仰自由，人們就沒有選擇自己宗教的權利；沒有思想自由，人們就沒有選擇相信不同觀點的機會；沒有職業自由，人們就不能選擇自己喜歡的工作。

選擇不僅需要自由，也需要有兩個或更多有意義的選項，供人們在其中挑選。如果所謂的選舉，永遠只得一個政黨的候選人，其他人都不可以參選，那麼我們不會說人民有甚麼真正的選擇。如果所謂的婚姻自由，永遠只由父母來決定誰人可娶、哪人可嫁，那麼這樣的「自由」毫無意義。

我們也須留意，所有的選擇，必須預設一個能做選擇的主體。這樣的主體，是有能力做理性思考和價值判斷的人。而當我們做選擇時，通常會有一個理性思考（rational deliberation）的過程：甚麼目標是我們最想追求的，以及何種手段最能達到我們的目標。換言之，人的選擇往往不是由本能的欲望推動，而是有理由在背後支持。

我們或許可用小王子選擇被蛇咬那一幕作為例子，想像一下小王子在做最後的決定前，內心會有怎樣的自問自答：

為甚麼要回去B612呢？

——因為我好渴望見到玫瑰。

為甚麼要見玫瑰？

——因為我還愛她，而且我要對自己馴服過的負責。

為甚麼要履行這個責任？

——因為如果不這樣做，我會背離一些終生信守的原則；放棄這些原則，我會接受不了自己，覺得無法向自己的良知交代。

從以上的問答，我們可見到，小王子是在進行一個「規範性的證成」(normative justification)——他在提出理由，證成自己所要做的行動，是合理和值得支持的，因此具有一種不得不為之的內在約束力。

完成上述論證，小王子還須繼續問：既然決定了回去，那就必須考慮有甚麼可行的方法方能達成這個願望。可以像當初來的時候那樣，騎在候鳥的背上回去嗎？又或可以找飛機師幫忙嗎？小王子發覺這些建議都不可行後，遂剩下唯一的選項，就是依靠毒蛇的神秘力量。

小王子心裡清楚，這是一場很大的冒險，因為他無法肯定蛇是不是在騙他。但即使最後真的受騙了，小王子依然可以說：我沒甚麼可後悔的，因為那是在各種限制下，我所能做的最好的選擇。

換言之，即使去到生命最關鍵的時刻，小王子也沒有放棄理性，盲目地將自己的命運交託給蛇。他清楚知道自己為甚麼要做這樣的決定，背後承受多大的風險，並坦然接受最後的結果。

我們由此知道：選擇，必然意味著不確定。無論我們在做決定時，多麼深思熟慮和計劃周詳，事情也未必如我們所預期的那樣發展。理性的慎思，可以增加確定性的機率，但不可能有百分百的保證。

為甚麼呢？因為生命本身有太多無法預見的變數。一件事情的發生，需要許多條件的配合。只要這些條件其中任何一個出現差錯，預期的發展軌跡就會跟著改變。當我們面臨重大抉擇時，內心常會忐忑不安，甚至逃避面對，就是因為前面有難以預知的不確定性。

就此而言，所有的選擇，都是一場或大或小的冒險。

我們同時要明白，當我們選擇了一段愛情或一項事業，即意味著我們沒有選擇另一個人或另一項事業。

換言之，打開一道門，同時是關上其他門。選擇的意義不在於我們擁有所有可能性，而在於要在諸多可能中選擇其一，然後放棄其他。選擇是取，同時也是捨。

讓我們稍作總結。小王子在做選擇時，其實面臨以下的處境：他需要免受外力干預，需要理性慎思，同時也需要意識到，選擇必然伴隨著風險和不確定，因此要有心理準備，承受各種挫折和代價。

這個選擇的處境，不僅小王子需要面對，其他選擇者同樣需要面對。因此，我們就有必要考慮一個更為普遍的問題：如何創造一個有利的社會環境，使得所有人能夠有機會自主地作出各種選擇？

答案彰彰明甚：國家必須在制度上作出安排，確保個體能夠在不同領域享有充份的選擇自由；社會必須提供良好的文化環境和教育機會，使得個體能夠充份發展他的理性能力和價值能力；最後，政府也應提供良好的社會保障，盡量減低各種不可預期的意外為個體帶來難以承受的風險和代價。

小王子真的需要關心這些問題嗎？

要的。只要他活在人類社會，這些問題便無從逃避，因為我們並非活在一個沒有國家的桃花源。我們一出生便活在制度之內，即使看來十分個人的選擇行為背後，都有一個制度背景，這個背景限定了個體可否選擇，以及可以作出多大程度和甚麼性質的選擇。

這樣聽起來很抽象。讓我舉個看似有點極端的例子。

小王子愛上玫瑰，是非常個人的事情，這裡需要甚麼制度背景呢？這個背景是，這個社會必須在制度上，容許人們有戀愛的自由。

自由戀愛不是天經地義的嗎？

並非如此。讀過《紅樓夢》的人，都知道在離我們不太遠的中國傳統社會，年青男女是沒有戀愛和婚姻自由的——一切都得由父母和家族決定。如果小王子愛上的不是她而是他，問題就會更大。

討論到這裡，或許有人會問：為甚麼我們要如此重視選擇？

要回答這個問題，或者我們可以反過來想：如果我們完全失去選擇自由，所有決定都由別人替我們做，我們將會變成怎樣？

我想我們一定會覺得，雖然身體是我的，但我不再是自己真正的主人，因為在許多重要問題上，我不能為自己做主，例如我不能選擇自己的信仰，不能選擇自己的政治信念和生活方式，甚至不能選擇和誰相愛。

沒有選擇的自由，我們就失去人的自主性；我們好像在為別人而活，而不是為自己而活；我們遂不再是自己人生的作者。

是的，個體有時會由於無知、短視而作出錯誤的決定，也會因為懶惰或不想承擔過重的責任而逃避選擇，但如果人在許多領域失去選擇的自由，他就不能在這些領域實現自己的潛能，因而難以活出完整的自我。

我們也要知道，選擇的過程也是個學習的過程。在選擇中，我們學會理性比較，學會價值判斷，學會認識自己，學會負起責任，也學會彼此馴服。所以，個體如果沒有選擇的機會，恐怕也就永遠不能成長。

最後，尊重人的選擇，也就是尊重人。

在《小王子》第二十一章，有這樣一個片段：

狐狸閉上嘴，看著小王子，看了好久：「拜託……馴服我吧！」牠說。

在這裡，狐狸並沒有強迫小王子一定要這樣做，因為牠明白，馴服必須出於自願。強人所難的愛，不是真正的愛。

在馴服的關係裡，我們必須彼此尊重。

尊重甚麼呢？

尊重每個人是獨立自主的個體，有自由去活出自己想過的人生。

如此容易明白的道理，在我們的真實世界，卻是如此之難。那些自以為掌握宇宙真理的大人，那些自以為可以支配一切的暴政，最最害怕的，就是給人選擇的自由。

因為他們虛弱。他們心知肚明，只要人有了自由，人就會成長，就會獨立，就不再會無條件地服從所謂的「權威」。

小王子如果活在那樣的國度，一定會很不解地問：「大人啊，你們幹嗎那麼害怕?!」然後輕輕一笑。

第13章

既然只有在一個公正的制度裡面，

人才能得到平等的尊重，

才能更好地互相馴服，

那麼我們別無選擇，

只有一起去改變制度。

馴服的，就是政治的

「馴服」是《小王子》全書最為關鍵的一個概念。這個字，法文是 apprivoiser，英文譯為 tame，中文一般將其譯為「馴服」或「馴養」。我為該用哪個中文譯名苦惱了很久，後來去信台北向《小王子》的譯者繆詠華女士請教，她認為「馴服」比較好，因為小王子和狐狸是朋友，關係平等，這個譯法比較沒有尊卑的味道。我認為有道理，所以採納了她的意見。

Apprivoiser 在法文中通常用來指涉人與人之間從陌生到熟悉的關係，聖修伯里借狐狸的口，在書中第二十一章給出一個簡約明確的定義：

「『馴服』的意思，就是建立關聯」(establish ties)。

也就是說，兩個人本來是不認識的，經過雙方努力，慢慢變得熟絡，培養出深厚的感情，最後彼此緊密相聯。

狐狸又告訴我們，要達到這種狀態，需要儀式，需要時間，需要對你馴服過的人負責，也需要承受因此而來的眼淚和傷害。

我們由此見到，馴服不是征服，不是一個人用權力去壓倒另一個人，也不是一個人想盡方法令另一個人屈從。恰恰相反，因為雙方是在自願的基礎上建立聯繫，所以必須體現一種相互性和對等性。一段真正美好的關係，不論是友情還是愛情，都應該是互相馴服和彼此尊重。

但怎樣才能做到平等尊重？除了個人的德性修養，是否也需要一個公正的社會制度在背後支持？這個問題十分重要，惟聖修伯里在書中討論甚少，故值得我們多作探討。

我們知道，人與人的交往，都是以特定的社會身份、在特定的社會脈絡中展開。

在家庭，我們是父母和子女；在學校，我們是學生和老師；在教會，我們是教友；在市場，我們是生產者和消費者；在政治領域，我們是公民。如果這些社會制度本身是公正的，同時我們的身份得到合理的承認，那麼我們發展出來的馴服關係，便有很大機會成功及得到社會公正的對待。

舉個例：如果我們的社會能夠確保所有公民享有平等的信仰自由（就此而言，這個領域是公正的），同時我的教徒身份得到社會普遍承認，那麼我就可以放心地通過各種宗教活動，去馴服我所喜歡的人。相反，如果我的宗教被國家視為異端並遭到嚴厲打壓，那麼我就必須掩飾甚至放棄我的信仰，最後自然是很難和其他志同道合的朋友建立任何關聯。

類似例子不勝枚舉：女性在一個父權主導的社會、同性戀者在一個異性戀霸權的社會、有色人種在一個種族歧視的社會、無產者在一個市場拜物教的社會，以至新移民在一個仇視外來人的社會，往往會因為他們的身份，而在不同領域遭受很不公正的對待。

這種不公正不僅損害他們應有的權利，更在最深的意義上傷害他們的尊嚴和身份認同，因而嚴重限制他們和其他公民建立良好人際關係的機會。

這些傷害，究其根本，主要原因是弱勢群體得不到國家平等的尊重。我們的制度及由制度而生的文化和社會實踐，沒有尊重他們作為自由平等的公民所應享有的、受到公正對待的權利。

由此可見，人與人的馴服看似是很個人、很私密、很非政治性的事，其實是個錯覺。

不說別的，就談愛情吧。你會愛上甚麼人，你被允許愛上甚麼人，你是否有條件愛你想愛的人，你的愛能否得到社會認可，背後都預設了一個制度背景，而制度是強制性的，且有正義和不正義可言。這一點，只要看看近年各國爭取同性戀婚姻權的社會運動，便能明白。對異性戀者來說，和自己深

愛的人結婚，輕而易舉且理所當然；但對同性戀者，卻難如登天。明乎此，我們或許可以改寫一下女性主義者喜歡的口號：「馴服的，就是政治的。」（原來的口號是：「個人的，就是政治的。」）

有了上述討論，現在回過頭看《小王子》，大家或許會有一種童話式的虛幻感，因為小王子的馴服故事，是完全「去政治化」的：裡面沒有任何社會制度對人的約束，小王子喜歡馴服誰就馴服誰，不用擔心受到權力的干預，不用理會世人怎麼看，也不用顧慮是否有足夠的經濟條件和文化資本來經營一段關係。（在現實社會，即使活在B612，陪戀人一天看足四十三次日落，也是很奢侈的事！）

小王子好像活在一個情感世界的烏托邦。

聖修伯里當然是故意如此。以他的人生閱歷，他不可能不知道真實世界馴服之難。我猜測，他是故意將所有外在環境的約束拿走，從而突顯「馴服」

的核心：只要用心，自能見到眼睛看不見的、真正重要的東西；重要的東西，是建立關聯。

聖修伯里的確是用心良苦。他一定是覺得，世界看似很複雜，世人都在忙於追逐權力、虛榮、財富和紙上的知識，卻忘記了生命中最根本、最重要的事：人與人之間最純粹、最真誠的愛。

明白這個道理之後，從小王子的世界回到真實的世界，我們怎麼辦？

第一種反應可能是：忘記小王子吧，那是虛幻的烏托邦，根本不可能實現。第二種反應是：既然我們見過最美好的馴服，我們就應該好好珍惜，並努力改變現在不正義的社會環境，使得更多的人能像小王子那樣，在馴服的關係裡活出一種公正而有愛的生活。

我們應該走第二條路。為甚麼呢？

因為小王子告訴我們，沒有馴服的人生，不可能是充實的、幸福的人生。我們可以不在乎小王子活得怎樣，但不可能不在乎自己活得怎樣——

因為我們的生命是我們自己的。所以，既然只有在一個公正的制度裡面，人才能得到平等的尊重，才能更好地互相馴服，那麼我們別無選擇，只有一起去改變制度。

說到這一步，讀者或會問：馴服真的那麼重要嗎？馴服真的能帶給我們幸福嗎？如果事實如此，為甚麼我們身邊那麼多人，都將時間花在追逐金錢名利，而不是用在馴服朋友？

就著這個問題，哈佛大學醫學院教授羅伯特．瓦爾丁格(Robert Waldinger)最近以「甚麼使得生命美好？」(What makes a good life?)為題作的一次演講，也許能夠給我們一點啟示。

瓦爾丁格教授是哈佛「成人發展研究計劃」的第四任主管。這項計劃從一九三八年開始，歷時七十多年，長期跟蹤研究來自不同社會背景的七百二十四位男性在不同人生階段的生活狀態，包括他們的工作、家庭和身心健康等。在累積大量經驗數據後，瓦爾丁格教授告訴我們，真正使人活得幸福的，原來不是名利、權力和工作成就，而是良好的人際關係！

一個人愈能和他的家庭、朋友與社群維持親密和諧的關係，就活得愈快樂，而且愈健康長壽。相反，那些長期處於疏離孤獨狀態的人，不僅生活枯燥沉悶，而且身體健康和腦部記憶也會在中年後加速惡化。

這個研究印證了狐狸的智慧：用心去建立馴服關係，看似無甚用處，其實至為重要，因為只有活在有愛、有信任的關係裡面，人才會健康快樂。

怎樣才能建立良好的人際關係？

這不僅和個人意志相關，也和社會環境密不可分。

試想想，一個出身貧困家庭的人，很可能自小就營養不良，缺乏教育機會，性格自卑自閉，長大後則大部份時間為生計奔走，根本沒有條件去發展馴服的關係。相反，那些成長於富裕家庭的人，從一開始就已擁有各種馴服的優勢。

由此可見，一個人能否過得幸福，其實和活在怎樣的社會制度之中密切相關。而我們知道，制度不是甚麼自然的秩序，而是人為的產物，因此總有改變的可能。如何改變，視乎我們對正義社會的想像，也視乎我們一起去改變世界的決心。

所以說——馴服的，就是政治的。

第14章

正因為我們意識到人的有限，
以及意識到每個個體都各有獨特
且同樣值得尊重的生命，
我們更要對那些我們在乎
但卻未必能好好理解的人，
給予更多的體諒和關懷。

理解之難及理解之必要

在《小王子》第七章，因飛機故障而被迫降落在沙漠的飛機師，和偶遇的小王子有過一次激烈的爭吵。

事緣飛機師為小王子畫了一頭綿羊，小王子雖然歡喜，但卻擔心綿羊會吃掉他的玫瑰，於是問飛機師，到底玫瑰的刺對玫瑰有甚麼用。

飛機師當時趕著維修飛機，心裡焦急煩躁，遂隨意回答說一點用處也沒有。他還告訴小王子，他正在做正經事，叫小王子不要煩他。

小王子聽完之後，氣得臉色發白，一頭金髮亂晃，含著眼淚，說了全書最動人也最教人心疼的一段話：

「要是有人愛上了一朵花兒，這朵花兒是在好幾百萬又好幾百萬顆星星上面獨一無二的一朵，這個人只要望著這些星星就會感到很快樂。他對自己說：『我的花兒就在那兒，在某個地方……』可是萬一綿羊把花兒給吃了，對他來說，就好像所有星星一下子都熄滅了！這難道不重要嗎?!」

小王子如此難過，是因為覺得不被理解。玫瑰是他生命中的最愛，玫瑰的安危是他至為在乎的事，故他希望飛機師能夠代入他的處境去理解他的憂慮，明白他的感受。這樣一種設身處地理解他人的信念和感受的能力，英文稱作empathy，中文通常譯為「移情」、「同理心」或「感同身受」。

小王子的心情，我們不難明白。問題是，飛機師真的能夠感同身受地理解小王子嗎？小王子和玫瑰朝夕相對培養出來的感情是非常個人的經歷，只有他自己才知道，他怎麼可能要求飛機師能像他那樣去理解玫瑰，並明白「所有星星一下子都熄滅了」的傷痛？這似乎不太公平，也有點強人所難。

這裡帶出一個十分重要、卻也相當困難的問題：一個人真的有可能如其所是地理解另一個人嗎？人的同理心建基於何處，又可以去得多遠？

這個問題重要，因為人不是活在孤島。我們自小就活在社會，並與他人發展出或近或遠的各種關係。我們在這些人際關係裡，建立自我和找到生活的意義。所以，得到你認識的人——尤其是那些「重要的他者」(significant others)——的理解，便十分重要。這些他者包括我們的父母、愛人、摯友，和那些我們十分在乎的人。這裡所說的理解，不僅是指知性地理解我們的思想和信念，更是指理解我們整個生命的實存狀態，包括那些深植於心的情感和價值。

當我們受到自己在乎的人誤解和曲解時，我們會怎麼樣？我們會覺得失望、委屈、痛苦和受挫。還記得大學一年級時，我本來讀的是商學院，但因為實在太喜歡哲學，於是懇求父親准許我轉過去。可是父親覺得哲學沒有前途，勸我不要那樣做。那一年，我和父親常為此爭論，有時更難過到一個人躲在廁所偷偷掉淚。我後來明白，當時那麼痛苦，是因為我太在乎父親，太渴望得到他的理解。

我後來真的轉了去讀哲學，並從道德心理學中知道，如果一個人在社會生活中長期得不到重要他者的理解，就會很容易變得孤僻、自卑和失去自尊，因而無從肯定生活的價值。

由此可見，理解之所以必要，因為它是人的社會生活的基本需要。

雖然理解很重要，但我們也見到，基於同理心的理解，一點也不容易。現代都市生活的一個普遍現象，是許多人活得很孤獨，而孤獨的源頭正是缺乏他人的理解和關懷。

為甚麼會這樣？為甚麼人活在同一屋簷下，朝夕相見，相互理解卻仍然那麼困難？

要明白「理解」之難，我們需要先清楚有效的理解需要甚麼條件，然後再看看這些條件為甚麼如此難以達到。

首先，理解作為人與人之間的交往活動，首要條件是人們願意投入時間。飛機師需要理解小王子，就必須放下手上的工作，坐下來好好聆聽小王子講述他和他的玫瑰的故事。只有這樣，他才有可能瞭解小王子眼裡的思念和哀傷。借用狐狸的教導，你願意花在你在乎的人身上的時間，是使得你能理解她的必要條件。

明乎此，我們就不難明白，現代人為甚麼那麼孤獨，因為大家都很忙：忙於工作，忙於應酬，忙於炒股，忙於上網，但卻很少忙於去理解別人——即使那些是我們十分親近的人。

不相信？我們可以問問自己：我們已有多久沒回家和父母好好談過心，多久沒在寧靜的晚上聆聽子女的傾訴，又有多久沒和知己好友在咖啡店和酒吧聊個痛快？

時間雖然重要，但單靠時間卻無法達致「感同身受」(feeling into) 的共鳴。為甚麼？因為一個人要走進另一個人的世界去明白對方，往往需要有非常接近的價值體系和共同歷史。

中文有個成語叫「心心相印」，如果拿來形容這種狀態，也許相當貼切。但要達到這種境界，你的心和他的心就必須完全一致。

但這在現實世界，卻近乎不可能，因為每個人都有不同的性格和家庭背景，如果社會容許個體自由發展，那就必然會導致人的多樣性。既然人人不同，心心相印又如何可能？這是理解之難的第二個原因。

生命經驗的差異，不僅使得人們難以互相理解，甚至會導致各種各樣的衝突。宗教戰爭、種族矛盾、性別歧視等等，有多少不是源於偏見和無知?!

我前面提及飛機師難以理解小王子，也是這個緣故。試想想，他們之前活在兩個完全不同的世界，飛機師更從來未試過一天之內看四十三回日落，單憑小王子的描述，他又如何能夠真切體會那份日落的哀傷？

由此可見，如果感同身受的前提，是兩個人必須有著一模一樣的個性和共同經歷，那麼這將是極為困難的事。

這是否意味著，感同身受注定永不可能？

不一定，因為人還有豐富的想像力。飛機師雖然沒愛過玫瑰，但他也曾初戀過，因此知道全心全意愛一個人是甚麼滋味，明白「衣帶漸寬終不悔，為伊消得人憔悴」是怎樣一種心情。因此，當他聽完小王子的傾訴，他遂能以他的生命經歷代入小王子的處境，並明白玫瑰為何對小王子如此重要。我們平時所說的同理心，說的正是這種通過想像力來達成的對他者的理解。

這確是一個好方法，但要行得通，需要一個前提：我們必須先要有那種容許我們加以代入的經驗。

換言之，只有我們愛過，才能想像小王子和玫瑰的愛情是怎麼回事。如果一個人從來不曾愛過，對於愛情一點概念也沒有，那麼無論他如何努力，恐怕也很難真正理解小王子對玫瑰的感情。

我們由此也能明白，為甚麼同一本《小王子》，不同人會讀出不同的東西。有的人很易就有共鳴，甚至一讀再讀，因為他們在故事裡面見到自己；有的人卻完全無感，一點也不理解小王子到底在搞甚麼。

事實上，小王子一直在那裡，我們能否理解他、能否接近他，要看我們自己有多少知性和情感上的準備，也要看我們的心有多柔軟。

以上討論，將我們推到「理解之難」更深的一個層次——在我們的生活中，有許多經驗是我們不曾有過、甚至永遠也不會有的，因此必然限制我們對那些正身在其中的人的理解。

例如一個視力正常的人，恐怕永遠無法理解一個一出生就失去視力的人是怎樣生活的；同樣地，這位盲人即使用盡他的想像力，恐怕也難以想像一個五光十色的世界到底是啥模樣，因為他根本沒有顏色的概念。

這些限制，往往會導致偏見和歧視，因為人們對於自己不能理解的人和

事，總是慣於視之為異類，或乾脆無視其存在。

又或以死亡為例。我們客觀地知道每個人最後都會死，每天在新聞上也目睹其他人的死去，甚至當下就有親友正在死亡邊緣徘徊，可以說死亡離我們一點也不遠。

這是否表示，我們就真的能夠理解這些瀕死的人的痛苦，並分擔他們的孤獨和恐懼？

我覺得十分困難，因為我們大部份人都只是知性地認識死亡，但卻甚少有直接走近死亡的體驗，更不要說我們在潛意識裡常常逃避和忽略死亡，假裝它永遠不會發生在自己身上。死，是人無法迴避的大事，但卻不見得我們願意走近一點去理解它和體會它。

托爾斯泰的小說《伊凡．伊里奇之死》是關於死亡的名篇，我看過許多次，每次讀都有很深的感受。

但我心裡清楚，無論我多麼努力，我離真正理解伊凡臨終時的那種狀態，實在有千萬里遠，因為我不是他。

一個人的死亡，在終極意義上，是最孤獨的事件，沒有人可替代，沒有人可陪伴，只能自己一個人面對。

於是，在最最需要別人理解的時候，我們卻最難得到別人的理解。那怎麼辦呢？也許，在這些時候，我們要學會接受人的限制，不必強求跨越那道難以跨越的鴻溝。

當一切無可言說，我們要學會沉默。

承認人的限制，不是說我們甚麼也不做，更不是說我們對那些難以理解的人和事，採取漠然甚至歧視的態度。恰恰相反，正因為我們意識到人的有限，以及意識到每個個體都各有獨特且同樣值得尊重的生命，我們更要對那些我們在乎但卻未必能好好理解的人，給予更多的體諒和關懷。

難以理解，卻要尊重甚至關心，是很困難的事，是需要學習的事。

最明顯的例子，是我們要學會和患有抑鬱症的朋友好好相處。不少經驗告訴我們，患上抑鬱症的人常常感到極度孤獨，覺得自己活在旁人永遠無法進入的世界，所有痛苦只能靠自己一個人去承受，而痛苦見不到盡頭。

事實上，所有嚴重的疾病，都很容易將人推向極度孤單的狀態，因為它有如一股無可抵擋的黑暗力量，將人排斥出正常的世界。

天空是如常的藍，陽光是如常的燦爛，路上行人是如常的笑語盈盈，但那個不再是我的世界。我活在世界之外，雖然我曾經是其中一份子。

在這種情況下，面對他人的痛苦，最重要的，也許不是強説或強求自己一定能理解，而是承認自己的無力，然後默默站在親人和朋友的旁邊，讓他們知道，無論怎麼樣，我們在一起，我們共同面對。

也許，這也是一種理解。

第15章

我們在世界之中，

我們改變，世界就會跟著改變。

因此，如其所是地接受人的有限，

並在有限之中盡力活出生的美好，

世界自會不同。

歸零之前

「甚麼都沒有，只有一道黃光在他腳踝附近閃了一下。他一動也不動地站立了片刻。他沒叫喊，像一棵樹那樣，慢慢倒下。因為沙的緣故，甚至沒發出聲響。」

這是小王子離開地球——或者更準確點說，消失於世界的一刻。

這是死亡嗎？——許多讀者會問。作者聖修伯里沒有明確告訴我們，因而留給讀者許多想像的空間。只是讀者或許沒有留意，這個慢慢倒下去的意象，其實是我們每個人最後都會走過的一刻。

這一刻，是我們人生的終點。

死亡這件事，我一點也不陌生。我從很小很小的時候開始，就已目睹各種死亡：老死、病亡、夭折、少逝、自殺、意外，甚至刑場槍決，我都見過。有的很快忘掉，有的傷痛不已，有的則留下永難磨滅的印記。

關於死亡，我最直接的體會，就是人死後，會歸零。

這種感受，去過火葬場告別遺體的人，大抵都會明白。一刻前，親人的身體還在；一刻後，在熊熊火光中，形軀瞬間化為灰燼，甚麼也沒留下。這是十分殘酷、卻異常真實的一幕。在死亡面前，所有堅固的，都會煙消雲散。

這是我們所有人的歸宿。有一天，我們也會歸零。

歸零，是個甚麼概念？

用英文講，就是你本來是something，現在變成nothing。你本來是世界的一份子，本來好好存活在某個地方，本來忙著一些有意思的事情，本來正和某些人親密交往，突然間，這一切都不再存在。

世界熱鬧依舊，你卻不在其中。

歸零，意味著你從世界徹底退場。

人世間所有事物的對照，很難想像還有甚麼及得上生死之別。一邊是存在，另一邊是虛空；一邊是白日，另一邊是黑夜；一邊是意識，另一邊是寂滅；一邊是同在，另一邊是孤獨；一邊是所有美好之可能的必要前提，另一邊是所有美好之不再的必然結果。

對照如此巨大，但從這一邊跨到另一邊，卻又如此容易。

死，常常就在一瞬間。你來不及思考，做不及準備，趕不及道別，死亡便已來臨。每天新聞中出現的地震、海嘯、空難、車禍，以及身邊親友突如其來的厄運，在在提醒我們生的脆弱和死的無常。

如何面對人的歸零，是人類恆久的困惑。

宗教和哲學，由此而生。

靈魂不滅、死後永生、六道輪迴，皆可視之為對此的回應。這些信仰，確實給人許多力量和安慰。畢竟在知性上與精神上，「人死歸零」都是人類很難接受的事。人異於動物者，是人有存在意識和價值意識，因此能意識到己身的存在及存在本身的可貴，因此也就難以面對己身注定從存在走向不存在的命運。

我也曾為此困惑不安。

我主要不是害怕死亡過程中可能要忍受的各種痛苦，畢竟那一刻尚未到來；也不是耽於人世間的種種美好，雖然那確實教人留戀；更不是對死後未知的世界有甚麼恐懼，那終究是我難以觸及的神秘。

最最教我困惑難過的，是看著自己最尊敬、最親近的人永別這個世界。

永別是甚麼意思？就是永遠不能再見。

試想像，你和你在乎的人曾經言笑晏晏，曾經朝夕與共，曾經相濡以沫，曾經患難相隨，然後他走了，氣味還在，舊物還在，音容還在，唯獨他不在了，永永遠遠地不在了，你遂感到難以言説的荒謬和傷痛。

為甚麼昨天還在，今天就不在了？到底他去了哪裡？這有甚麼道理？

我曾努力尋找宗教的慰藉，過程艱難，最後卻空手而回。

生命來到此刻，我終於接受「人死歸零」這個事實。

人生哲學最根本的問題於我遂是：如何活好餘生？

所謂向死而活，就是朝向歸零，好好生活。

有人或會問：既然人到最後終必歸零，所謂活得好不好，有甚麼意義？認真努力地活和隨意懶散地活，又有甚麼分別？

是的，人終會死去，但在離開之前，人活得好不好對每個當事人來說，卻有重大意義。

道理很簡單：我的生命是我的，不是別人的，而我只能活一次，因此我必然十分在乎自己活得好不好。

如果我能用心活出充實而美好的人生，我的生活就是有意義和有價值的。這種意義和價值，真實體現於當下活著的我身上。

我們都知道人的生命有限，但正是因為有限，所以如何在有限中活好自己的人生，才變得如此迫切和如此重要。認真地活和懶散地活，對當事人來說，最大的分別就是前者較後者更有機會不枉此生——我們希望活得不枉，因為我們在乎自己。

由此可見，死亡之必然，不僅沒有消解意義問題，反而是問題之成為問題的重要背景。如果人可以長生不老，讓生活永恆地重複，那麼意義問題就會變得微不足道，因為如果一切都可不斷重頭來過，怎麼活其實無甚所謂。

又或者反過來想，如果有人將你的生命壓縮到只剩下一天，那麼如何過好這一天，對你來說就會是非常沉重的挑戰。

你必然會問：誰是我生命中最重要的人？甚麼是我生命中最重要的事？我要怎樣安排時間，才能最有意義地活好這一天？

要答好這些問題，我們需要關於生死的實踐智慧。

有人或會進一步質疑說：這種說法如果不是自欺，就是自我安慰，因為如果站在更宏大的宇宙的觀點看，我們將發覺，每個個體都只是宇宙的一粒微塵，無論活得多麼認真多麼精彩，對世界也不會有任何影響。人的生命，實在太短暫太渺小，是故怎麼努力，最後也是徒然。

我不這樣認為。我們毋須否認，客觀而言，人確實是宇宙的微塵。但即使是微塵，我們仍然是宇宙的一部份。如果我認真地活好自己，我就真實地為世界帶來哪怕是極為微小的轉變。這點轉變，是因我而變。

小王子用心馴服玫瑰，宇宙就會因為有過這樣的愛情，而變得美好一點；小王子用心馴服狐狸，狐狸眼中麥子的顏色，從此就別有情懷。這樣的馴服，難道不是在改變宇宙，並為世界增添一抹動人的色彩嗎?!

還記得小王子和飛機師告別時，小王子說：

「夜裡，你仰望天空，既然我住在其中一顆星星裡面，既然我會在其中一顆星星裡面微笑，於是，對你來說，就好像所有星星都在笑。你啊，你會擁有許多會笑的星星！」

是啊，天上萬萬千千的星星一直都在，但因為小王子，因為和小王子的相遇，飛機師眼中的星空遂從此不再一樣。這樣的不一樣，要用心才能看得見。

不少人以為，只要承認人死歸零，同時從所謂宇宙的觀點來觀照人，那麼就必然會得出一種近乎虛無主義的結論。

實在毋須如此。我們在世界之中，我們改變，世界就會跟著改變。因此，如其所是地接受人的有限，並在有限之中盡力活出生的美好，世界自會不同。

這樣的一種態度，並不是叫人盲目樂觀，以為只要做好自己的本份，大

的社會改變自然就會到來；也不是教我們變得保守，只將自己關在個人的小天地，然後無視外面世界的種種不義。

我希望指出，對於我們在有限的人生可以做甚麼以及應該做甚麼，實在不必先為自己設定一個永遠無法達到的目標（例如要以一己之力改變整個世界），然後再以這個目標來否定自己或別人在許多事情上的努力，繼而陷入一種虛無主義的狀態，以為所有的價值堅持和道德追求都是徒勞、無意義的，因此人們愛怎麼活就怎麼活。

我覺得，只要我們能夠如實地理解人的生存處境，就會知道即使我們多麼微小，我們在現世一點一滴的努力，也絕不會徒勞無功。

當然，改變有多大，影響有多深，視乎很多條件，既要看人的環境和際遇，也要看個體的目標和付出。但有一點可以肯定的是，只要愈來愈多人認識到這個道理，並身體力行地活出磊落公正的生活，我們的社會就有變好的可能。

社會改變，需要我們一起努力；願意努力本身，已是改變的起點。

最後，我們也須留意，即使人死歸零，也不意味著我們生前所做的一切也跟著歸零。這是兩個不同的概念。

為甚麼呢？因為我們知道，即使我們死了，世界仍然存在；只要世界仍在，我們為這個世界播下的種子，就會繼續生長，甚至有機會繁衍四方。即如此刻我寫下的文字，只要還有人在讀，還有人受其影響，它就不會因為我的消失而消失。

換言之，我們此生努力的種種成果，其實不會隨著個體生命的逝去而逝去，而會以不同方式存留下來，活在他人心中，並惠及後人。人類歷史上那些偉大的思想家和藝術家之所以偉大，正是因為他們留給我們用之不盡的精神財富。這是真正意義的不朽。

作為個體，我們的生命極為短暫；作為群體一員，我們卻活在一個綿

延不斷的傳統裡面。這種延續性，在相當大程度上，幫助人類克服了個體生命歸零的限制，同時給予個體用心活好此生的動力。

談到這裡，讓我們回到《小王子》，看看它是如何教導我們活好歸零之前的人生。

聖修伯里在一九四二年世界戰火連天的時刻，寫下這樣一部看似不食人間煙火的童話故事，他到底想和世人說些甚麼？

在我看來，他最為關心的，是這樣的一個問題：在現代處境下，人類怎樣才能走出孤獨，活好自己的人生？

藉著小王子的成長之旅，藉著他的童心，聖修伯里告訴我們這些大人，千萬不要將生命虛耗在一些不重要的事情上面。對權力、金錢和虛榮無止境的欲求，只會使人活在孤獨的、非本真的和異化的狀態，而不會教人活得幸福快樂。

出路在哪裡？

出路在我們能夠學會好好瞭解自己，認清生命的本質，繼而知道甚麼是人生中最重要的價值，並懂得在生活中活出這些價值。這種想法，在小王子和飛機師的一段對話中，表達得最為清楚：

「你這邊的人，」小王子說，「在同一座花園裡面種了五千朵玫瑰……他們沒法在花園裡找著自己在尋找的那樣東西……」

「他們找不到的。」我回他……

「其實他們尋找的東西在一朵玫瑰花上或一點點水裡面就可以找得到……」

「就是說啊。」我回道。

小王子又加上這句：

「可是眼睛是甚麼也看不見的，得用心去尋找。」

小王子在這裡告訴我們，人類努力謀求幸福，卻遍尋不獲，因為他們不懂得用心。只要用心，人類便會見到，幸福其實就在身邊。

所謂用心，是說你要知道：幸福，不在於你擁有多少財富，或者花費這些財富買下多少玫瑰，而在於你能否懂得去馴服屬於你的那朵獨一無二的玫瑰。

馴服，不僅是一種領悟，更是一種踐行；只有將整個生命投入到你要馴服的對象，關心她、愛護她、聆聽她、尊重她，你才有可能得到信任和愛，才有可能找到活著的意義和價值。

這裡所說的馴服的對象，可以是你的愛人，也可以是你的朋友、你的志業、你的家園，甚至是你自己。

我們在這些生命的聯結中，肯定自己的存在。

我甚至覺得：馴服，從根本而言，是一種存活的基本態度。這種態度，不計算不虛偽不委曲，一言以蔽之，一點也不「大人」，而是一種力求回到事物本真狀態的努力——在愛中見愛，在友誼中見友誼，在志業中見志業。

只有這樣，我們才能在沙漠中，找到那口生命的井。

小王子會死去，玫瑰會死去，狐狸也會死去。

與此同時，他們一直活著，活在所有喜歡他們的讀者心中，啟迪和滋潤一代又一代人的心靈。

因著他們，我們的星空也會微笑。

只要用心，我們都可以是玫瑰、狐狸和小王子。

代結語

因為讀者的領悟

本書去到這裡，已近尾聲。這一束關於《小王子》的哲學札記，由第一篇開始算起，從台北到香港再到歐洲，前後寫了大半年。時間不長，篇幅也短，但由於寫作過程經歷了許多起伏，此刻回望，竟有千帆過盡之感。在這裡，我想解答讀者的一些疑問，分享一點個人感受，權作結語。

為甚麼要寫《小王子》？——這是最多人問我的問題。問的朋友，背後多少有些沒有明言的疑惑：一個從事政治哲學的人，為甚麼跑去做文學研究？就算要做，為甚麼不談別的更有意義的政治寓言，卻要談《小王子》這樣一本寫給小孩子的童話？

讀過前面的文章，大家應該見到，本書不是文學評論，也不是人物索隱，而是哲學書寫。我是從哲學的觀點，探討《小王子》的哲學問題。所謂哲學的觀點，牽涉到概念的分析、價值的論證和生命意義的反思。

因此，本書不討論《小王子》的寫作技巧和文學成就，也不揣測書中人物的原型到底真實是何人，又或書中情節背後隱喻了甚麼歷史，而是基於文本去思考裡面的哲學問題。

《小王子》有哲學問題嗎?當然有，而且很多。舉例說吧，「馴服」、「愛」、「友誼」、「責任」、「關懷」、「幸福」、「選擇」、「身份」、「商品化」、「疏離」、「佔有」、「忠誠」、「死亡」等，都是書中反覆出現的主題，也是現代社會重要的哲學問題。

聖修伯里不是哲學家，他寫的是一本寓言體小說，因此不會做學院式的哲學論證，而是將他的問題意識巧妙地融入小說，並藉此反思現代人的生存狀態。我這本書的目的，是嘗試理解和分析這些問題，並帶出我的觀點。

我們因此千萬不要以為，《小王子》只是一本寫給小孩的夢幻童話，或寫給少年的浪漫愛情，又或寫給大人的心靈雞湯。不是這樣，或至少不僅僅是這樣。

我愈讀愈覺得，它是一部精彩的哲學寓言，內裡潛藏了聖修伯里對現代社會的深刻反思和對人類處境的深切關懷。我希望這本小書，能夠讓大家看到，《小王子》裡面的思想，值得我們認真對待。

為甚麼要特別強調這點？因為這牽涉到我們的閱讀態度，而態度會直接影響我們能否讀好一本書。

我們都知道，《小王子》很受讀者歡迎，是書店的長期暢銷書，影響一代又一代人。不過，不少人第一次讀《小王子》，是在小學或中學，甚至更小一點，是父母讀給孩子聽的床邊故事書。人們於是很容易有種印象，以為《小王子》淺顯易明，裡面不會有甚麼了不起的思想，年輕時讀過一次就已足夠。

很慚愧，必須老實承認，我從中學起開始讀《小王子》，之後看過好多遍，但四十歲以前，我真的談不上讀懂了這本書。

最明顯的例證，是我以前從來沒有認真想過，「獨一無二」這個關鍵概念在書中有兩個不同層次的意義，以及由馴服而生的責任會對小王子帶來那麼大的道德約束力。但看不到和想不清這兩點，我們就難以理解小王子。

即使如此，過去大半年，我將一本《小王子》新譯本由簇新讀到殘舊，依然愈讀愈多體會，愈讀愈多新的困惑。

（所以，我必須強調，大家在這裡讀到的文字，皆是我在閱讀路途上的一點體會，既非定論，也不是甚麼指引。）

如果讀者不會笑我智力低下，我願意在這裡懇切呼籲：如果你像我一樣喜歡《小王子》，那麼不妨換一種心態，認真重讀一次這本書。或許，你對小王子、玫瑰、狐狸、蛇、夕陽和麥子會有新的領悟；或許，在不知不覺間，你的生命也會跟著改變。

如果是這樣，我就可以像狐狸那般說：不管我的文字如何微不足道，我也非一無所得——因為讀者的領悟。

讀者或又會問：在這次寫作過程中，甚麼是我遇到的最大挑戰？

挑戰有許多，包括哲學上的和寫作風格上的。

哲學上的難題，我可以找書來讀。事實上，為了這些文字，我這大半年多讀了不少倫理學和道德心理學方面的著作。

寫作風格上，我希望自己的文字，盡量深入淺出，所有人都能讀得懂。我一直認為，思想的深度和文字的明晰，應該相輔相成，而不是非此即彼。當然，說易做難，我知道我離這個目標還有很長的路。

不過，過程中真正教我感到吃力的，是我早已是小王子眼中的「大人」，童心所餘無幾，要花好大力氣才能走進小王子的世界。這個問題不易解釋，或者舉個例子會好一點。

讀者應記得，《小王子》的起點，是他決絕地離開B612，遠走他鄉。沒有這一幕，就不會有後來種種。

問題是：既然小王子深愛玫瑰，為何非走不可？

這個問題困擾了我整整兩個月，數度提筆卻寫不下去。但不理解這個問題，就不易理解全書。我困惑良久，終明白也許是我離開初戀太久，早已忘記它是怎麼一回事。

為了尋回感覺，我重溫了好些關於初戀的電影，例如《戀戀風塵》、《情書》、《在世界中心呼喚愛》和《山楂樹之戀》等。我希望我的想像力和同理心，能幫助我回到小王子最純樸、最天真也最無知的時候，然後嘗試理解他為甚麼要那樣對待玫瑰。

幾經艱苦，最後終於寫成〈初戀的脆弱〉。我的領悟也簡單：正因為是初戀，故小王子不懂得怎麼去愛，也難以明白玫瑰的心事，遂導致誤會不斷，傷害不止。他無法接受玫瑰，更無法接受自己，於是唯有出走。

當然，這個解釋是我站在第三者角度去理解他。小王子當時身在其中，恐怕難以明白自己為甚麼會那樣。他是直到後來遇上狐狸，才開始領悟「馴服」的意義，才產生對玫瑰的無盡思念以及意識到自己的責任，所以才有最後選擇被毒蛇咬的終幕。愚鈍如我，花了好大的力氣，才能對此略有領悟。

讀者或會馬上問：你怎麼能確定你的詮釋就是最好的？確實無法保證。所有對文本的解讀，都是一場艱難的冒險，都有誤讀錯解的可能。我們只能努力嘗試，然後交由讀者判斷，並在持續的對話中尋求更好的理解。

事實上，我的寫作就是這樣：花好長時間醞釀，草成初稿，改個十多二十回後寄出去，收到讀者回應後繼續修改，如此往復，直到我覺得可以停下來為止。

這是怎樣的一種寫作心態？

我相信，經過努力，一個心靈是可以慢慢趨近另一個心靈的；甚至某些時候，一個讀者是可以較作家本人更好地理解書中觀點的。

為甚麼呢？理解需要感悟，也需要知識。我們和聖修伯里中間隔了七十多年，理應多了許多新的理論資源，去對他提出的問題作出更深入的反思。當然，這是目標，能否做到得靠我們共同努力。

最後，讀者或會問：既然你在談哲學，那麼甚麼是你的哲學關懷？讀畢全書，讀者應會見到，我的所有文章都在隱隱指向一個問題：在我們的時代，人該怎樣活，才能活好自己的人生？

這個問題，對我們所有人都重要。要答好這個問題，我們需要對「人是甚麼？」(What is a human being?) 有所認識，對「甚麼是美好人生？」(What is a good life?) 有所瞭解，對人的有限和脆弱有所體會，也需要對時代的特

色和困境有所洞察。我有理由相信，這些問題，同樣是聖修伯里的關懷。

這些關懷，和我們的時代有何相干？

這個問題，我也曾在心裡問過聖修伯里千百回：在他的祖國正受到納粹德國侵略蹂躪的時候，在整個世界陷入悲觀絕望的時候，他為甚麼要寫《小王子》？為甚麼在寫完後，他就以壯士一去兮不復還的心情，從紐約回到歐洲，以超齡之年加入「解放法國空軍」，並於一九四四年七月三十一日，一個人駕著戰機，消失於地中海？

我也曾多次自問：在雨傘運動失敗、個人生命和香港社會遭受巨大挫折的時候，在今天中國處於巨變的不確定時刻，為甚麼我要來談《小王子》？

我的想法是——正因為世道黑暗人心無力，我們才特別需要夢想，需要信念，需要價值，也才特別需要學會馴服他人和活好自己。

只有這樣，我們才有力量好好走下去。

附錄

閱讀的月色

我甚麼時候第一次讀《小王子》，已經記憶模糊，但最早也是高中時期，而且沒有給我留下甚麼印象。

上到大學，我開始讀第二次，印象依然一般，只對書中某些段落有感覺，但基本上讀不懂。

三十多歲時，回到大學教書，因為參與某次校園保育行動，觸發我再一次捧起《小王子》，終於能夠讀出一點共鳴，但仍然談不上對全書有任何整體的把握。

過去大半年，由於寫作和做講座的關係，我將全書反反覆覆讀了無數遍，雖然仍有困惑，感受卻和以前大有不同。在字裡行間，我開始能夠代入小王子、玫瑰和狐狸的位置去體察他們的心情，明白作者聖修伯里的用心，甚至在深夜隱隱聆聽到書中傳來的嘆息。

這一段閱讀之路，我走了差不多三十年。

現在回想，年輕的時候讀不懂《小王子》，實在正常不過，因為我那時根本沒有足夠的人生閱歷和哲學修為，幫助我進入這本書。一個人與一本書的相遇，需要情感和知識的準備，也需要機緣。由於每個人的成長經歷不一樣，因此也就沒有一張所謂人人適用的書單，要求所有人必須跟著讀。一本書偉不偉大，和一本書能否在某個階段進入你的世界並因而點亮你的人生，往往是兩回事，而後者才是閱讀的樂趣所在。

我的這點讀書體會，和我的少年讀書時光有關。

我在大陸農村出生，在偏遠小鎮長大。我開始愛上看書，大約在小學一年級。最初看的是連環畫，有點像現在的漫畫，也稱「小人書」。第一本教我著迷的，是《三國演義》，而我人生中的第一個偶像，是百萬軍中救阿斗的常山趙子龍。

那時家裡窮，想看書，就只能到街邊的小書攤。書攤老闆也隨意，用長繩將兩棵樹連起，然後將連環畫一本一本掛上去，有二三百本之多，讀者想看哪本取哪本。租金是一本兩分錢，但不能借走，必須坐在樹下小板凳看。夏天天氣炎熱，蚊多，街上灰塵撲面，但很奇怪，只要一書在手，我就可以立刻將外面的世界忘個一乾二淨，完全沉醉於書中的刀光劍影。

我讀的這些小人書，大部份是神話和歷史故事。

到了三、四年級，識字多了，不再滿足於連環畫，遂開始找大人書來讀，例如《封神榜》、《西遊記》和《水滸傳》等。我特別喜歡《封神榜》，尤其書中那位會遁地術的土行孫，最最教我驚嘆。印象中，《聊齋誌異》、《七俠五義》、《隋唐演義》、《楊家將》和《大明英烈傳》等，都是那時候的至愛。

這些書從哪裡來？那時鎮上沒有圖書館，自己又買不起書，於是只能問人借。我喜歡去大人家串門，留意屋中是否有書，然後懇求他們借我。有時班上有人買了最新的《故事會》，大家就會排隊輪著看。那時的我，有嚴重的閱讀饑渴症，甚麼書都讀，包括《中國共產黨黨史》之類，因為裡面的戰爭場面很吸引我。

當時，無論是在家裡還是在學校，大人都不鼓勵小孩讀課外書，所以我總得偷偷摸摸。有時給發現了，少不了挨一頓責罵。

既然如此，為甚麼還要讀？快樂啊。那時的日子並不苦悶，也不是沒別的玩意可玩，但沒一樣東西能像閱讀課外書那般帶給我無以名之的愉悅。

當然，也不是沒有例外。有次我不知從哪裡借來托爾斯泰的《安娜·卡列尼娜》，我聽別人說這是世界名著，滿心歡喜，誰知很快讀不下去，因為我根本記不清那些長長的翻譯人名，總是被弄得暈頭轉向。直到後來進了大學，我才開始讀杜思妥耶夫斯基的《罪與罰》、《卡拉馬佐夫兄弟》等俄國作品，可見那些譯名帶給我多深的挫折。

雖然讀得亂七八糟，而且興趣愈來愈廣，但在我的少年時期，真正令我讀得如癡如醉且難以自拔的，只有兩位作家，那就是金庸和瓊瑤。多年後回望，我甚至覺得，沒有他們，我可能就不是今天的我。

先說金庸。我是甚麼時候迷上金庸的呢？這背後有個故事。那時是八十年代，李連杰剛拍了《少林寺》，全國為之瘋狂，每個男孩都迷上武術，人人幻想自己有天也能成為武林高手。

其時有本月刊叫《武林》，正連載金庸的《射鵰英雄傳》，每期十多頁。我讀了幾期後，開始泥足深陷，讀完一期就癡癡地等下一期。

如果有書癮這回事，金庸就是令我上癮的書毒。怎麼形容呢？就是一旦拿起來，你就不可能放得下，腦裡無時無刻不是書中情節，世間所有事情都再也見不到。

不幸的是，讀了幾期後，可能是因為版權問題，連載便消失了。這真是害苦了我。我當時並不知道金庸是誰，也不知道去哪裡可找到他的書，但我知道，沒有了郭靖黃蓉黃藥師洪七公，我的日子過得很不快樂。

又過了一段時日，我認識的一位同樣嗜書成迷的高年級同學，有天拉我到一邊告訴我，他知道哪裡可以找到金庸。原來當時鎮上有家地下租書鋪，專門出租港台原版武俠小說，以金庸、古龍、梁羽生為主，是店主專門託人從香港偷購回來。書鋪不開門營業，必須有熟人介紹。在那個年代，出租這些港台圖書，是有風險的。

我仍然隱約記得，第一次去那家書鋪，就是由那位高年級同學陪同。屋子晦暗，裡面除了書，甚麼也沒有——或者準確一點說，全是金庸、古龍和梁羽生，而且全部用牛皮紙包上封面，看上去一點不起眼。當時我心想：媽呀，如果有天堂，這裡就是。

店主是個五十歲左右的男人，不苟言笑，直接告訴我，留下押金十元，書租兩毛錢一天，每次只准租一冊，而且必須低調，不能告訴別人書從哪裡來。「兩毛錢一天」是個甚麼概念？當時租看連環畫才兩分錢一本，而我一個月最多也就幾塊零用錢。

那怎麼辦？我必須一天讀完一冊。這些書都是繁體字啊？沒關係，看不懂就猜。但要上課啊？也不要緊，那就蹺課吧。蹺去哪裡？跑去學校後山的橡膠林，那裡風涼水冷，人跡罕至。不怕老師處罰嗎？我當時幫自己立了條規矩，一定不可以逃班主任的課。至於其他老師的，只要和班長做些「私人協調」，蹺一兩節課然後偷偷溜回課室，是可以「特事特辦」的。

那真是十分快樂的讀書歲月。

我沉迷或沉淪到甚麼地步呢？我記得讀到《神鵰俠侶》時，真個神魂顛倒，一分鐘也停不下來，於是放學騎自行車回家時，我大膽到一手扶著車把一手拿著書，邊騎邊讀。

回到家，看小說可是死罪。那怎麼辦？於是我晚上就躲到公共廁所看。公廁有電燈，家人又不會發現，絕對是好地方。惟美中不足的，是不能看得太久，而不是廁所太臭。

這樣的瘋狂歲月，維持了一年多，我就跟著家人移民香港。來港的那年夏天，在深水埗北河街的板間房，我做的第一件事，不是去四處觀光，而是去樓下租書店，將金庸一本一本搬回家，一次過過足癮。

再後來，我知道公立圖書館原來也有武俠小說，於是我去將古龍、梁羽生等人的作品也完完整整讀了一遍。

第二位我喜歡的作家，是瓊瑤。我忘記了是怎樣發現瓊瑤的，反正來香港後，我很快喜歡上台灣文學，讀了不少三毛、琦君、張曉風、白先勇、司馬中原的作品，但他們的吸引力都及不上瓊瑤。

原因不用多說，當時情竇初開，瓊瑤的小說是另一種教人上癮的書毒。《窗外》、《在水一方》、《幾度夕陽紅》、《彩霞滿天》和《心有千千結》等，我一本接著一本，和書中男女主角同悲同喜，顧影自憐，不能自已。

讀瓊瑤和讀金庸是兩種不同的體驗。金庸的書，會陶冶你的俠士氣概。

瓊瑤的書，卻特別容易令人憂傷。是自作多情也好，是少年強說愁也好，反正你就是快樂不起來。那種憂傷的鬱結，我持續了好長一段時間，直到上了大學才慢慢好轉。

讀瓊瑤和金庸，還有一個意外收穫，就是令我愛上中國舊詩詞。那是因為他們的作品經常提及李煜、李清照、柳永、蘇軾、辛棄疾等，我遂順著這些線索，逐個去找他們的作品來讀，甚至主動背了不少。這種自願的用功，和在學校裡為了考試而背，實在是兩種境界。

我今天和大家分享這段經歷，並不是叫大家一定要讀他們的書。事實上，我知道有不少人不太願意承認自己是讀金庸或瓊瑤長大的。我不僅沒有這種負擔，而且很感激他們，為我的少年時代帶來那麼多的快樂。

如果有些作家，在你的成長階段，能令你整個人投入其中並與之同悲共喜，這不是很幸福的事嗎?!

這些作家是誰、他們的作品夠不夠偉大，不是最重要；重要的，是他們能否將你帶進一個新天地，讓你看到一些「欲辨已忘言」的風景。一旦見過，你就會停不下來，就會主動向前尋找屬於你生命的閱讀的桃花源。

現在人到中年，回過頭看，我發覺少年時代這些雜亂無章、興之所至、狼吞虎嚥的閱讀，對我後來的思考、寫作甚至做人，較正規學校教育的影響可能還要大。

我知道有不少人的閱讀方式，是頗為精打細算和講求效益的，例如一定要知道某本書對自己的學業和工作有甚麼用處，才願意將書打開。但我的經驗告訴我，最快樂、最忘我的閱讀，往往不是這樣。

這些年少時光離我很遠了。許多早年讀過的書，現在都已記憶模糊。有時候我不禁自問，那些年的閱讀，對今天的我還有多大影響。然後我發覺，影響遠遠大於我的想像。這事從何說起呢？

讓我舉個例子。我自小喜歡賞月。不管何時何地，只要見到天上有月，我都會忍不住放慢腳步，甚至停下來，兩相對望一會，然後心裡自然泛起某種哀愁，又或腦裡自然念記起某些人。我最初也奇怪，後來便明白，那和我自小的閱讀有關。

試想想，細味過蘇軾的「明月幾時有，把酒問青天」、「何夜無月，何處無竹柏？但少閒人如吾兩人者耳」，又或「起舞徘徊風露下，今夕不知何夕」百千回後，你看到的月，和那些從來沒讀過的人，怎麼可能還再一樣?!

月是一樣的月，看月的人，卻有別樣情懷；而情懷，是你的閱讀歲月沉澱而成的月色。

也許這就是文化。你讀過的書，不知不覺走進你的生命，鋪成你的底蘊，並以潤物細無聲的方式，滋潤你的生活，豐富你的情感，並默默引領你前行。

閱讀的美好，就在這裡。

背景文獻

由於文章體裁和寫作風格的考慮，本書盡量避免在內文引用文獻。以下將按章列出部份直接和間接參考過的背景文獻，並略作說明。

本書所有《小王子》的引文，皆出自：安東尼．聖修伯里，《小王子》，繆詠華譯（台北：二魚文化，2015）。英文譯本則參考 Antoine de Saint-Exupéry, *The Little Prince*, trans. Katherine Woods (San Diego: Harcourt Brace Jovanovich, 1982)。

聖修伯里還有兩本著作，讀者亦可參考：《風沙星辰》，徐麗松譯（台北：二魚文化，2015）；《夜間飛行》，繆詠華譯（台北：二魚文化，2015）。

關於聖修伯里的傳記，可參考：保羅．韋伯斯特，《小王子的愛與死》，黃喻麟譯（台北：新新聞，2000）；Stacy Schiff, *Saint-Exupéry: A Biography* (New York: Henry Holt and Company, 2006).

第一章〈夢想可以飛多遠〉 關於梵高，可參考 Steven Naifeh and Gregory White Smith, *Van Gogh: The Life* (New York: Random House, 2011)。關於畢卡索，可參考 John

Richardson, *A Life of Picasso*, 3 vols. (London: Pimlico, 2009)。關於高更，可參考Nancy Mowll Mathews, *Paul Gauguin: An Erotic life* (New Haven: Yale University Press, 2001)。

第二章〈大人的童心〉 關於個體生命如何受社會制度影響，可參考Peter L. Berger, *Invitation to Sociology: A Humanistic Perspective* (London: Penguin Books, 1991); C. Wright Mills, *The Sociological Imagination* (New York: Oxford University Press, 2000)。關於社會認可對人的重要，可參考Charles Taylor, "The Politics of Recognition," in *Multiculturalism: Examining the Politics of Recognition*, ed. Amy Gutmann (Princeton, New Jersey: Princeton University Press, 1994), pp. 25–73。

第三章〈初戀的脆弱〉 關於初戀，推薦兩部電影：侯孝賢，《戀戀風塵》（1986）；岩井俊二，《情書》（1995）。

第四章〈小王子的領悟〉 關於獨一無二、忠誠和身份的討論，可參考Joseph Raz, "Attachment and Uniqueness," in *Value, Respect and Attachment* (Cambridge: Cambridge University Press, 2001), pp. 10–40；這是為數不多的以《小王子》作為討論對象的哲學著作，給我很多啟發。

第五章〈如果你是五千朵玫瑰的其中一朵〉 關於志業和人生計劃如何塑造一個人的性格和自我，可參考Bernard Williams, "Persons, Character and Morality," in *Moral Luck* (Cambridge: Cambridge University Press, 1981), pp. 1–19。關於自愛和在乎自我，可參考Harry G. Frankfurt, *Taking Ourselves Seriously and Getting It Right*, ed. Debra Satz (Stanford: Stanford University Press, 2006)。關於從個人第一身的觀點和從普遍性的觀點看世界的分別，可參考Thomas Nagel, *Equality and Partiality* (New York: Oxford University Press, 1991), pp. 10–20。

第六章〈因為麥子的顏色〉 文中引用的魯益師的觀點，見C. S. Lewis, *The Four Loves* (London: Fontana Books, 1963), p. 111。原文："To love at all is to be vulnerable. Love anything, and your heart will certainly be wrung and possibly be broken. If you want to make sure of keeping it intact, you must give your heart to no one, not even to an animal."

關於愛的脆弱性，我亦很受羅爾斯的觀點影響，例如："Once we love we are vulnerable: there is no such things as loving while being ready to consider whether to love, just like that. And the loves that may hurt the least are not the best loves. When we love, we accept the dangers of injury and loss.” 引自John Rawls, *A Theory of Justice* (Cambridge, Mass.: Harvard University Press, revised edition, 1999), p. 502。

關於愛的重要性，可參考Harry G. Frankfurt, *The Reasons of Love* (Princeton: Princeton University Press, 2004)。

第七章〈狐狸的心事〉 關於愛，可參考Eric Fromm, *The Art of Loving* (London: Unwin, 1975)；弗羅姆，《愛的藝術》，趙軍譯（北京：外文出版社，1998）；亦可參考Harry G. Frankfurt, *The Reasons of Love* (New Jersey: Princeton University Press, 2004)。

第八章〈愛的責任〉 羅爾斯關於「道德發展三階段」的觀點，見John Rawls, *A Theory of Justice*, pp. 405–424。

關於「我為何要道德」的討論文獻極多，以下幾本給我很多啟發：Philippa Foot, *Natural Goodness* (Oxford: Clarendon Press, 2001); Christine M. Korsgaard, *The Sources of Normativity* (Cambridge: Cambridge University Press, 1996); Samuel Scheffler, *Human Morality* (New York: Oxford University Press, 1992); Bernard Williams, *Morality: An Introduction to Ethics* (Cambridge: Cambridge University Press, 1972)。

第九章〈玫瑰的自主〉 可參考Alison M. Jaggar, *Feminist Politics and Human Nature* (Hemel Hempstead: Harvester, 1983); Catherine MacKinnon, *Feminism Unmodified: Discourses on Life and Law* (Cambridge, Mass.: Harvard University Press, 1987); Martha Nussbaum, *Women and Human Development* (Cambridge: Cambridge University Press, 2001); Susan Moller Okin, *Women in Western Political Thought* (Princeton, New Jersey: Princeton University Press, 1979); Susan Moller Okin, *Justice, Gender and the Family* (New York: Basic Books, 1989); Mary Wollstonecraft, *Vindication of the Rights of Women,* ed. Miriam Brody (Harmondsworth: Penguin, 1992)。

第十章〈錢，為甚麼買不到朋友〉 文中最後引述的馬克思那段話，出自《1844年經濟學哲學手稿》，收於《馬克思恩格斯全集》，第三卷（北京：人民出版社，2002），頁364。

關於金錢，市場與正義的討論，以下幾本書甚具代表性：Michael Sandel, *What Money Can't Buy: The Moral Limits of Markets* (London: Allen Lane, 2012); Debra Satz, Why *Something Should not Be for Sale: The Moral Limits of Markets* (New York: Oxford University Press, 2012); Michael Walzer, *The Spheres of Justice* (Oxford: Blackwell, 1983)。

第十一章〈孤獨的現代人〉 關於現代人的孤獨的研究很多，例如John T. Cacioppo and William Patrick, *Loneliness: Human Nature and the Need for Social Connection* (New York: W. W. Norton, 2008)。對於現代資本主義的擁有觀的批判，可參考Erich Fromm, *To Have or To Be?* (London: Bloomsbury Academic, 2013)。

第十二章〈選擇〉 可參考Isaiah Berlin, "Two Concepts of Liberty," in *Liberty*, ed. Henry Hardy (New York: Oxford University Press), pp. 166–217; John Stuart Mill, *On Liberty and Other Writings*, ed. Stefan Collini (Cambridge: Cambridge University Press, 1989); John Rawls, "The Basic Liberties and Their Priorities," in *Political Liberalism* (New York: Columbia University Press, expanded edition, 2005), pp. 289–371; Joseph Raz, *The Morality of Freedom* (Oxford: Oxford University Press, 1986)；周保松，《政治的道德：從自由主義的觀點看》（香港：中文大學出版社，增訂版，2015）。

第十三章〈馴服的，就是政治的〉 「個人的就是政治的」（"The Personal is Political"）是六十年代美國女性解放運動的一個重要口號。Carol Hanisch, "The Personal is Political," in *Notes from the Second Year: Women's Liberation*, eds. Shulamith Firestone and Anne Koedt (New York: Radical Feminism, 1970)。

關於社會基本結構對個體生命的重大影響，可參考John Rawls, *A Theory of Justice*, p. 7; Robert Waldinger, "What Makes a Good Life? Lessons from the Longest Study on Happiness," *TED*, https://www.ted.com/talks/robert_waldinger_what_makes_a_good_life_lessons_from_the_longest_study_on_happiness?language=en。

第十四章〈理解之難及理解之必要〉 關於「重要的他者」的討論，可參考Charles Taylor, "The Politics of Recognition," in *Multiculturalism*, pp. 25–73; Heidi L. Maibom (ed.), *Empathy and Morality* (New York: Oxford University Press, 2014)；托爾斯泰，《伊凡・伊里奇之死》，許海燕譯（台北：志文出版社，1997）。

第十五章〈歸零之前〉 關於死亡及來生的討論，可參考Samuel Scheffler, *Death and the Afterlife* (New York: Oxford University Press, 2013)。關於存在主義，可參考Steven Crowell (ed.), *The Cambridge Companion to Existentialism* (Cambridge: Cambridge University Press, 2012)。關於生命的意義，可參考Susan Wolf, *Meaning in Life and Why it Matters* (New Jersey: Princeton University Press, 2010)。關於幸福，可參考Steven M. Cahn and Christine Vitrano (ed.), *Happiness: Classic and Contemporary Readings in Philosophy* (New York: Oxford University Press, 2008)。